教科書ワーク
もくじ

教育出版版
漢字4年

【イラスト】久保朋子、たかはしかず、田島直人、TICTOC

きほんのワーク

白いぼうし

教科書 上14～27ページ

勉強した日　月　日

白いぼうし

14ページ

信　にんべん

（あける）

読み方：シン／―

使い方：信号《しんごう》・信用《しんよう》・自信《じしん》

9画

14ページ

初　かたな

（あける・わすれない・つき出さない・とめる・はねる）

読み方：ショ／はじめ・はじめて／はつ／（うい）（そめる）

使い方：初日《しょにち》・最初《さいしょ》・年の初《はじ》め　初《はじ》めて会う・初雪《はつゆき》

7画

15ページ

達　しんにょう　しんにゅう

（横ぼう三本・一画）

読み方：タツ／―

使い方：速達《そくたつ》・達成《たっせい》・上達《じょうたつ》

12画

◆「読み方」の赤い字は教科書で使われている読みです。●●はまちがえやすい漢字です。

15ページ

変　ふゆがしら　すいにょう

（立てる・はねる・はらう）

読み方：ヘン／かわる・かえる

使い方：変身《へんしん》・色が変《か》わる　顔色を変《か》える

9画

18ページ

席　はば

（立てる・はらう・はねる）

読み方：セキ／―

使い方：運転席《うんてんせき》・席順《せきじゅん》・出席《しゅっせき》

10画

形のにている漢字。

席（セキ）　れい　客席・着席・同席

度（ド）　れい　度数・温度・高度

注意！

19ページ

菜

はらう
とめる

菜 くさかんむり

読み方
サイ
な

使い方
野菜《やさい》・菜園《さいえん》
菜《な》の花・青菜《あおな》

11画

「艹」のつく漢字。

「艹」は、植物に関係《かん》のある漢字につくよ。

「艹」のつく漢字…花　草　茶　など。

おぼえよう!

21ページ

笑

長く
はらう

笑 たけかんむり

読み方
（ショウ）
わらう・（え**む**）

使い方
笑《わら》い話・父が笑《わら》う

10画

「笑」を使った言葉。

「笑う」ことを表す言葉には、いろいろなものがあるよ。

「大笑い」「苦笑い」「あいそ笑い」「なき笑い」「てれ笑い」「思い出し笑い」などだよ。

おぼえよう!

26ページ

香

はらう
はらう
はらう

香 かおり

読み方
（コウ）（キョウ）
か・かおり
かお**る**

使い方
香川県《かがわけん》
花の香《かお》り・梅《うめ》が香《かお》る

9画

26ページ

梅

とめる
一画
はねる

梅 きへん

読み方
バイ
うめ

使い方
梅園《ばいえん》・入梅《にゅうばい》・松竹梅《しょうちくばい》
梅《うめ》の花・梅《うめ》ぼし

10画

漢字の形に注意。
○ 梅
× 梅
「母」ではないよ。

注意!

新しい読み方をおぼえる漢字

26ページ
菜 サイ
野菜《やさい》

ものしりメモ
「信」は「亻」（人）の「言」（言葉）が心の中と同じになることから、「まこと」という意味を表すよ。

一　物語の「ふしぎ」について考えよう

練習のワーク

白いぼうし

教科書 上14～27ページ

答え 1ページ

勉強した日　月　日

1 新しい漢字を読みましょう。

① 14ページ 信号（　）で止まる。

② 六月の初（　）め。

③ 速達（　）で送る。

④ 色が青に変（　）わる。

⑤ 運転席（　）のまど。

⑥ 菜（　）の花を調べる。

⑦ 笑（　）いがこみあげる。

⑧ 花の香（　）りがする。

⑨ 梅（　）の花がさく。

⑩ しんせんな野菜（　）。

✿⑪ ここから はってん 旅行の初日（　）。

✿⑫ 初雪（　）がふる。

✿⑬ ちがうすがたに変身（　）する。

✿⑭ 読む本を変（　）える。

✿⑮ 香川（　）県に行く。

✿⑯ 入梅（　）の時期。

2 新しい漢字を書きましょう。〔　〕は、送りがなも書きましょう。

✿の漢字は新出漢字のべつの読み方です。

① 14ページ □□《しんごう》を待つ。

② 年の〔　　〕《はじめ》。

③ □□《そくたつ》を受け取る。

④ 気持ちが〔　　〕《かわる》。

⑤ □□□《うんてんせき》にすわる。

⑥ □《な》の花がさく。

⑦ 〔　　〕《わらい》がたえないクラス。

⑧ 石けんのよい〔　　〕《かおり》。

⑨ □《うめ》の実を拾う。

⑩ □□《やさい》を育てる。

ここからはってん

✿⑪ 夏休みの□□《しょにち》。

✿⑫ □□《はつゆき》がつもる。

✿⑬ つるが人に□□《へんしん》する話。

✿⑭ 話題を□《か》える。

✿⑮ □□《かがわ》県の名所。

✿⑯ □□《にゅうばい》の季節《きせつ》。

3 漢字で書きましょう。（〰は、送りがなも書きましょう。太字は、この回で習った漢字を使った言葉です。）

① **しんごう**があかに**かわる**。

② しがつの**はじめ**になのはながさく。

③ **うめ**の**かおり**があたりにひろがる。

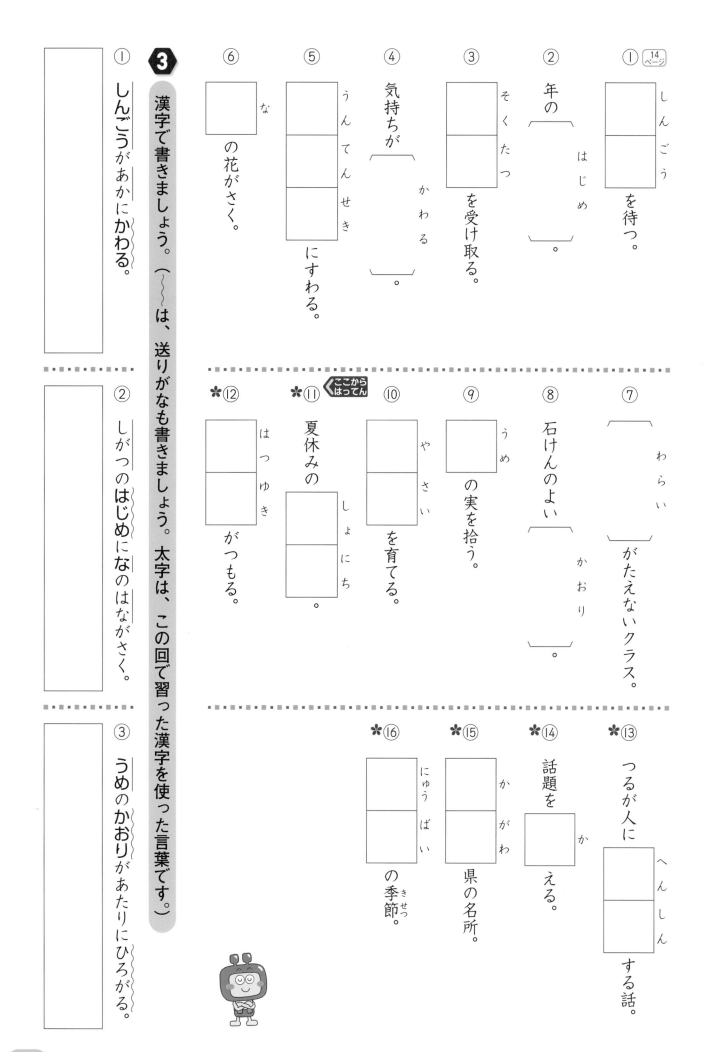

きほんのワーク

見つけよう、ぴったりの言葉
漢字の広場①
漢字の部首《ぶしゅ》／三年生で学んだ漢字①

教科書 上28～32ページ

勉強した日　月　日

◆「読み方」の赤い字は教科書で使われている読みです。
はまちがえやすい漢字です。

周（29ページ）

周　くち

（下を長く・はらう・はねる）

読み方：シュウ　まわり

使い方：一周《いっしゅう》・五十周年《ごじっしゅうねん》　家の周《まわ》り

8画

周周周周周周周周

順（29ページ）

順　おおがい

（長く・はらう・とめる）

読み方：ジュン　—

使い方：順番《じゅんばん》・道順《みちじゅん》

12画

順順順順順順順順順順順順

漢字の意味。

「順」には、いろいろな意味があるよ。

①したがう。　れい 順応《のう》・従順《じゅう》
②きまったならび方。　れい 順位《い》・順番
③うまくすすむ。　れい 順調・順風

関（30ページ）

関　もんがまえ

（とめる・はねる）

読み方：カン　せき・かかわる

使い方：関係《かんけい》・関心《かんしん》・関所《せきしょ》　植物に関《かか》わる書物

14画

関関関関関関関関関関関関関関

印（30ページ）

印　ふしづくり

（とめる・はねる）

読み方：イン　しるし

使い方：消印《けしいん》・印《いん》かん　目印《めじるし》・矢印《やじるし》

6画

印印印印印印

漢字のでき方。

印　卩…「人がひざまずく」様子を表す。　⺕…「手の形」を表す。

手でしるしをつけることから「しるし」という意味になったよ。

浴

30ページ

浴 さんずい

10画

読み方

ヨク

あびる・あ**びせる**

使い方

入浴《にゅうよく》・海水浴《かいすいよく》

日光を浴《あ》びる

加

30ページ

加 ちから

5画

読み方

カ

くわ**える**・くわ**わる**

使い方

加入《かにゅう》・書き加《くわ》える

メンバーに加《くわ》わる

努

30ページ

努 ちから

7画

読み方

ド

つと**める**

使い方

努力《どりょく》

早起きに努《つと》める

芽

31ページ

芽 くさかんむり

8画

読み方

ガ

め

使い方

発芽《はつが》

木の芽《め》・新芽《しんめ》

完

31ページ

完 うかんむり

7画

読み方

カン

―

使い方

完成《かんせい》・完全《かんぜん》・完走《かんそう》

にた意味を表す漢字。

「完」と「全」はどちらも「かけたところがない」という意味をもつよ。

完 **れい** 完成《せい》・完ぺき

全 **れい** 全体・全部

富

31ページ

富 うかんむり

12画

読み方

フ・(フウ)

と**む**・とみ

使い方

富士山《ふじさん》・才のうに富《と》む

富《とみ》をえる

英

31ページ

英 くさかんむり

8画

読み方

エイ

―

使い方

英語《えいご》・英才《えいさい》・英会話《えいかいわ》

ものしりメモ 「加」と「努」の部首は、どちらも「力」(ちから)だよ。「力」が部首の漢字には、ほかに「助」「勉」「動」などがあるよ。

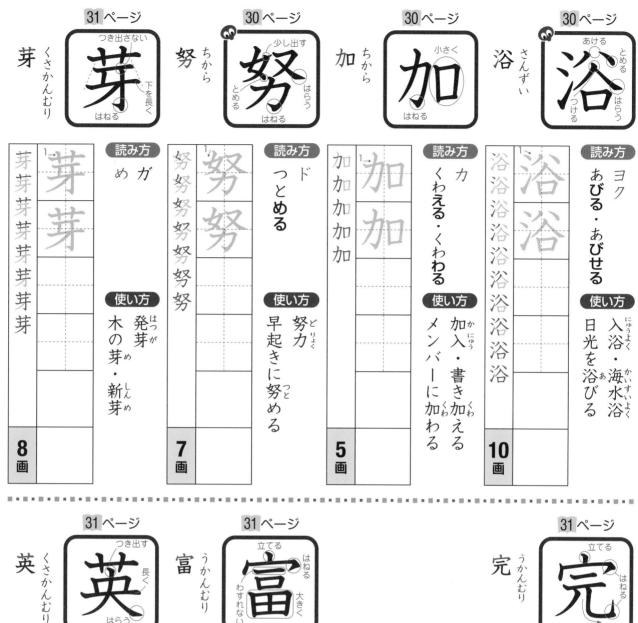

練習のワーク

見つけよう、ぴったりの言葉
漢字の広場① 漢字の部首《ぶしゅ》／三年生で学んだ漢字①

教科書 ㊤28～32ページ
答え 1ページ

勉強した日　月　日

1 新しい漢字を読みましょう。

① 28ページ 周（　）りを見る。
② わたしの順番（　）だ。
③ 30ページ 木に関係（　）のある漢字。
④ 目印（　）とする部分。
⑤ 海水浴（　）に行く。
⑥ グループに加入（　）する。
⑦ 努力（　）を重ねる。

⑧ 木の芽（　）がふくらむ。
⑨ 自転車で全国を完走（　）する。
⑩ 富（　）士《じ》（　）山に登る。
⑪ 英会話（　）を習う。
ここからはってん
✿⑫ 昔の関所（　）を見学する。
✿⑬ 動物に関（　）わる仕事。
✿⑭ 印（　）かんをもらう。

✿⑮ シャワーを浴（　）びる。
✿⑯ 人が加（　）わる。
✿⑰ 勉学に努（　）める。
✿⑱ たねが発芽（　）する。
✿⑲ アイデアに富（　）む。
✿⑳ 富（　）をきずく。

✿の漢字は新出漢字のべつの読み方です。

2 新しい漢字を書きましょう。〔　〕は、送りがなも書きましょう。

① 28ページ 池の〔　　〕《まわり》。

② □□《じゅんばん》を待つ。

③ 30ページ 植物に□□《かんけい》する研究。

④ 地図に□□《めじるし》をつける。

⑤ □□□《かいすいよく》を楽しむ。

⑥ 新入生が□□《かにゅう》する。

⑦ □□《どりょく》をみとめる。

⑧ 小さな□《め》が出る。

⑨ マラソンを□□《かんそう》する。

⑩ □《ふ》士《じ》□《さん》の絵。

⑪ □□□《えいかいわ》教室。

✿⑫ ここからはってん 祭りに□《かか》わる人たち。

✿⑬ 書類《るい》に□《いん》かんをおす。

✿⑭ ぞうがみずを□《あ》びる。

✿⑮ スピードが□《くわ》わる。

✿⑯ 落ち着くように□《つと》める。

✿⑰ いねが□□《はつが》する。

✿⑱ くふうに□《と》む。

3 漢字で書きましょう。（〰は、送りがなも書きましょう。太字は、この回で習った漢字を使った言葉です。）

① **めじるし**を**じゅんばん**にしるす。

② **ふじさん**に**かんけい**するほん。

③ **どりょく**して**えいかいわ**をまなぶ。

4 三年生で学んだ漢字

三年生で習った漢字を書きましょう。〔　〕は、送りがなも書きましょう。

① □□《たいよう》を観察《かんさつ》する。

② 〔　〕《むかい》風がふく。

③ □□《とざん》がしゅみだ。

④ イチョウの□《は》。

⑤ □□《たびびと》の話を聞く。

⑥ 急な□《さか》を上る。

⑦ □□《せきたん》をほり出す。

⑧ 〔　〕《ふかい》□《みずうみ》。

⑨ □□《せんろ》がのびる。

⑩ □□《てっきょう》をわたる。

⑪ □□《のうぎょう》をいとなむ。

⑫ □《はたけ》のそばの家。

⑬ 魚を□□《ほうりゅう》する。

⑭ □《ひつじ》のむれ。

⑮ 木の□《かわ》をはぐ。

⑯ 赤い□《み》がなる。

⑰ □□《じんじゃ》の〔　〕《まつり》。

⑱ □《えき》の□□《じゅうしょ》を調べる。

⑲ □□《でんちゅう》をよけて歩く。

⑳ 〔　〕《まがり》角をまがる。

㉑ □《しょう》防《ぼう》車が止まる。

㉒ □《きし》によせる□《なみ》。

㉓ □《しま》にある□《みなと》。

㉔ □□《きてき》が聞こえる。

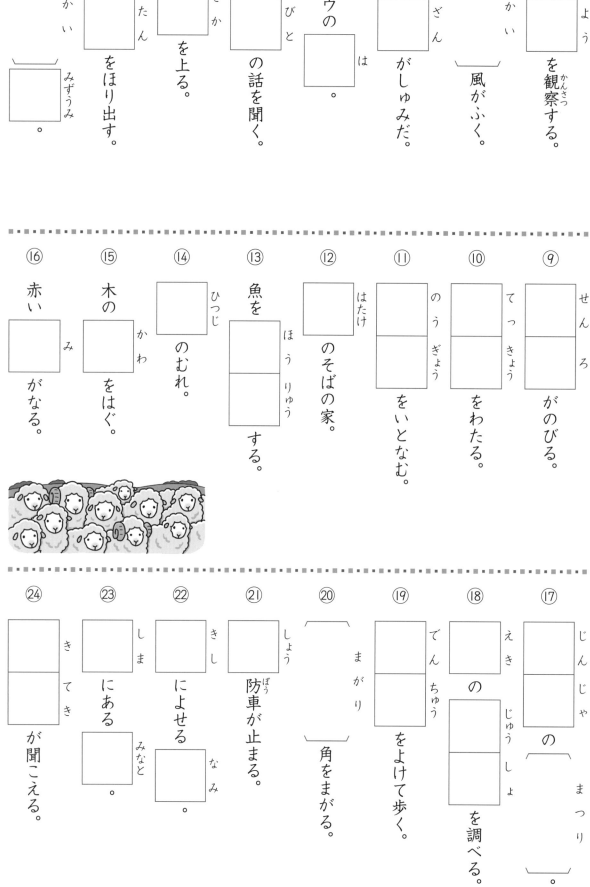

二　けっかと考察とのつながりをとらえよう

きほんのワーク

ぞうの重さを量る／花を見つける手がかり
読書の広場① 分類をもとに本を見つけよう

教科書 上34～49ページ

勉強した日　月　日

◆「読み方」の赤い字は教科書で使われている読みです。●はまちがえやすい漢字です。

ぞうの重さを量る

量（34ページ）　さと　量
（長く・下を長く）

読み方：リョウ　はかる

使い方：音量《おんりょう》・数量《すうりょう》・分量《ぶんりょう》　目方を量《はか》る

量量量量量量量量量量量量

12画

法（34ページ）　さんずい　法
（下を長く・とめる）

読み方：ホウ・（ハッ）（ホッ）　―

使い方：方法《ほうほう》・手法《しゅほう》・文法《ぶんぽう》

法法法法法法法法

8画

最（35ページ）　ひらび　最
（長く・はらう・あける）

読み方：サイ　もっとも

使い方：最後《さいご》・最高《さいこう》・最新《さいしん》　最《もっと》も高い

最最最最最最最最最最最最

12画

約（35ページ）　いとへん　約
（はらう・とめる・はねる）

読み方：ヤク　―

使い方：約四千五百《やくよんせんごひゃく》キログラム　公約《こうやく》・集約《しゅうやく》・予約《よやく》

約約約約約約約約約

9画

漢字のでき方。

約

勺…「ひきしめる」意味を表す。
糸…「いと」を表す。

「糸でひきしめ、まとめる」という意味を表すよ。

花を見つける手がかり

験（37ページ）　うまへん　験
（はじめに書く・つき出さない・点の向き・はねる・はらう）

読み方：ケン・（ゲン）　―

使い方：実験《じっけん》・受験《じゅけん》・体験《たいけん》

験験験験験験験験験験験験験験験験験験

18画

37ページ

観　みる

観

つき出さない
はねる

読み方
カン
—

使い方
観察《かんさつ》・観光《かんこう》・楽観《らっかん》

18画

37ページ

察　うかんむり

察

立てる
あける
はねる
×タ
下を長く
はねる

読み方
サツ
—

使い方
観察《かんさつ》・察知《さっち》・考察《こうさつ》

14画

形のにている漢字。

察（サツ）　れい　観察・推《すい》察

祭（サイ）　れい　祭日・祭典《てん》

37ページ

種　のぎへん

種

とめる
下を長く

読み方
シュ
たね

使い方
種類《しゅるい》・種目《しゅもく》・品種《ひんしゅ》
アサガオの種《たね》

14画

37ページ

類　おおがい

類

とめる
とめる

読み方
ルイ
たぐ**い**

使い方
種類《しゅるい》・親類《しんるい》・人類《じんるい》
草食動物の類《たぐ》い

18画

「頁」のつく漢字。

「頁」は、頭部に関係のある漢字につくよ。

「頁」のつく漢字…順　頭　題　顔　など。

38ページ

別　りっとう

別

つき出さない
とめる
はねる

読み方
ベツ
わか**れる**

使い方
別《べつ》の実験・別人《べつじん》・区別《くべつ》
出口で別《わか》れる

7画

同じ読み方の言葉。

別《わか》れる……人や場所などからはなれて去る。

れい　友人と駅で別れる。

分《わ》かれる…一つのものが二つ以上《い》になる。

れい　道が分かれる。

念
40ページ

念　こころ

（つける・はねる）

読み方
ネン
―

使い方
念《ねん》のため・記念《きねん》・残念《ざんねん》

8画

単
44ページ

単　つかんむり

（長く・とめる）

読み方
タン
―

使い方
単位《たんい》・単語《たんご》・単行本《たんこうぼん》

9画

位
44ページ

位　にんべん

（立てる・下を長く）

読み方
イ
くらい

使い方
単位《たんい》・一位《いちい》・順位《じゅんい》
百の位《くらい》

7画

照
44ページ

照　れんが　れっか

（はねる・点の向き）

読み方
ショウ
てる・てらす
てれる

使い方
照明《しょうめい》・照合《しょうごう》・対照《たいしょう》
太陽が照《て》る・月が照《て》らす

13画

然
47ページ

然　れんが　れっか

（×タ・わすれない・点の向き）

読み方
ゼン・ネン
―

使い方
自然科学《しぜんかがく》・当然《とうぜん》
天然水《てんねんすい》

12画

反対の意味の言葉。
自然 ↔ 人工
必然《ひつぜん》 ↔ ぐう然
「必然」は「かならずそうなること」という意味だよ。

産
47ページ

産　うまれる

（立てる・はらう・下を長く）

読み方
サン
うむ・うまれる
（うぶ）

使い方
産業《さんぎょう》・たまごを産《う》む
子ねこが産《う》まれる

11画

芸
47ページ

芸　くさかんむり

（下を長く・とめる）

読み方
ゲイ
―

使い方
芸術《げいじゅつ》・園芸《えんげい》・手芸《しゅげい》

7画

ものしりメモ　「然」には「ゼン・ネン」という二つの音読みがあるよ。言葉によって読み方が変わるから注意しよう。

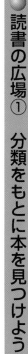

練習のワーク

ぞうの重さを量る／花を見つける手がかり　読書の広場①　分類をもとに本を見つけよう

教科書　上34〜49ページ
答え　1ページ

勉強した日　月　日

1 新しい漢字を読みましょう。

① 34ページ 重さを量（　）る。
② よい方法（　）を思いつく。
③ 最後（　）に大事なことを言う。
④ 約（　）四千五百キログラム。
⑤ 36ページ 大がかりな実験（　）。
⑥ くわしく観察（　）する。
⑦ 四種類（　）の色。
⑧ 別（　）のやり方を考える。
⑨ 念（　）のために用意する。
⑩ 重さを表す単位（　）。
⑪ 照明（　）の明るさ。
⑫ 46ページ 自然科学（　）の本。
⑬ 国の産業（　）。
⑭ 芸術《じゅつ》（　）の秋。
✿⑮ ここからはってん ぞうは草食動物の類（　）いだ。
✿⑯ 十の位（　）の数。

2 新しい漢字を書きましょう。〔　〕は、送りがなも書きましょう。

✿の漢字は新出漢字の別の読み方です。

① 34ページ 米のりょうを〔　　〕《はかる》。

② くわしい□□《ほうほう》を教わる。

③ □□《さいご》に質《しつ》問する。

④ □《やく》一週間かかる。

⑤ 36ページ むずかしい□□《じっけん》。

⑥ □□《かんさつ》日記をつける。

⑦ □□《しゅるい》を分ける。

⑧ □《べつ》の色のコップ。

⑨ □《ねん》のためチェックする。

⑩ 長さの□□《たんい》。

⑪ オレンジ色の□□《しょうめい》。

⑫ 46ページ □□□□《しぜんかがく》。

⑬ □□《さんぎょう》をおこす。

⑭ すばらしい□《げい》術《じゅつ》。

✿⑮ ここからはってん ざっ草の□《たぐ》い。

3 漢字で書きましょう。(〰は、送りがなも書きましょう。太字は、この回でならった漢字を使った言葉です。)

① おもさを**はかる**ためのた**んい**。

② **さいご**までじっこうできる**ほうほう**。

③ ひろばに**やく**せんにんがあつまる。

④ **じっけん**のようすを**かんさつ**する。

⑤ かずおおくの**しゅるい**の**さんぎょう**。

⑥ **しぜんかがく**をがくしゅうする。

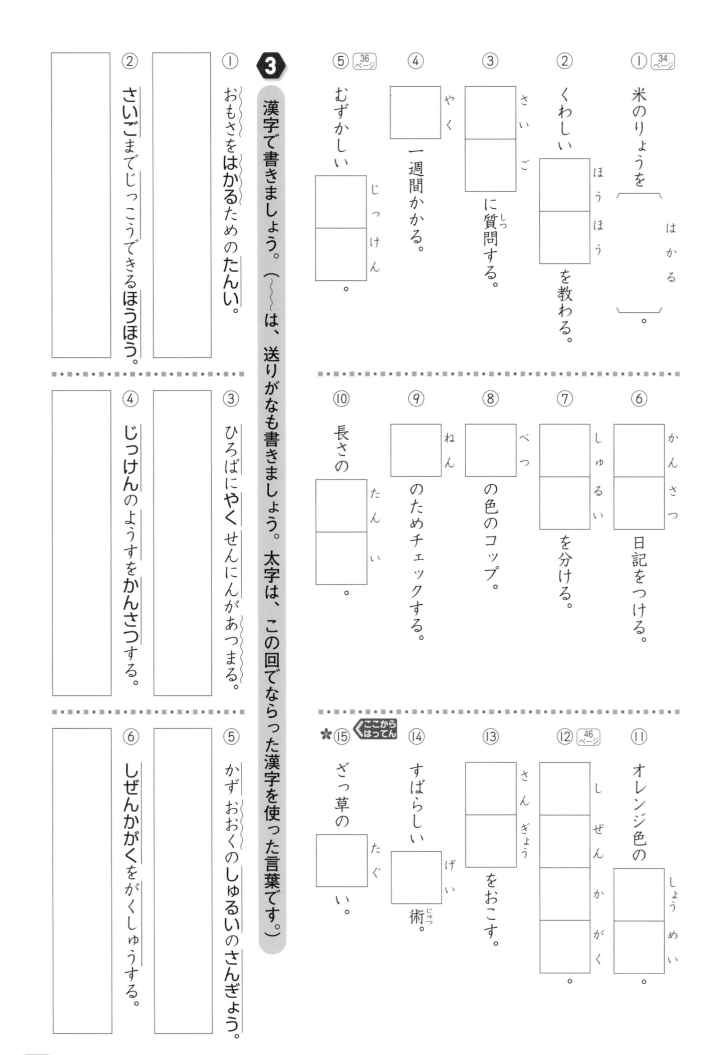

きほんのワーク

言葉の広場① 漢字辞典の使い方 メモの取り方のくふう

教科書 上50～57ページ

勉強した日　月　日

◆「読み方」の赤い字は教科書で使われている読みです。●はまちがえやすい漢字です。

言葉の広場① 漢字辞典の使い方

辞　からい　50ページ

立てる　上を長く

読み方：ジ　（やめる）

使い方：辞典《じてん》・辞書《じしょ》・辞退《じたい》

13画

典　は　50ページ

長く　とめる

読み方：テン　—

使い方：辞典《じてん》・古典《こてん》・祭典《さいてん》

8画

治　さんずい　50ページ

とめる

読み方：ジ・チ　おさめる・おさまる　なおる・なおす

使い方：政治《せいじ》・虫歯の治《ち》りょう　村を治《おさ》める・病気が治《なお》る

8画

成　ほこづくり　ほこがまえ　50ページ

はじめに書く　わすれない　はねる

読み方：セイ・（ジョウ）　なる・なす

使い方：成長《せいちょう》・完成《かんせい》　成《な》り立ち・成《な》しとげる

6画

訓　ごんべん　51ページ

あける　長く　はらう　とめる

読み方：クン　—

使い方：音訓《おんくん》・訓練《くんれん》・教訓《きょうくん》

10画

径　ぎょうにんべん　53ページ

あける　はらう　下を長く

読み方：ケイ　—

使い方：直径《ちょっけい》・外径《がいけい》・半径《はんけい》

8画

53ページ
兆　ひとあし　にんにょう
兆
はねる

読み方
チョウ
(きざす)
(きざし)

使い方
前兆《ぜんちょう》・予兆《よちょう》・一兆円《いっちょうえん》

6画

53ページ
臣　しん
臣
はじめに書く
わすれない

読み方
シン・ジン
―

使い方
家臣《かしん》・臣下《しんか》・大臣《だいじん》

7画

53ページ
城　つちへん
城
わすれない
はねる

読み方
ジョウ
しろ

使い方
城下町《じょうかまち》・城内《じょうない》
城《しろ》あと・大きなお城《しろ》

9画

53ページ
奈　だい
奈
はねる

読み方
ナ
―

使い方
奈落《ならく》・奈良県《ならけん》
神奈川県《かながわけん》

8画

53ページ
塩　つちへん
塩
大きく

読み方
エン
しお

使い方
塩田《えんでん》・塩分《えんぶん》・食塩《しょくえん》
塩水《しおみず》・塩《しお》からい

13画

53ページ
省　め
省
はねる
つける
×日

読み方
セイ・ショウ
(かえりみる)
はぶく

使い方
帰省《きせい》・文部科学省《もんぶかがくしょう》
手間を省《はぶ》く

9画

53ページ
刷　りっとう
刷
はらう
とめる
はねる

読み方
サツ
する

使い方
刷新《さっしん》・印刷《いんさつ》
はん画を刷《す》る

8画

53ページ
良　こんづくり
良
はらう

読み方
リョウ
よい

使い方
良好《りょうこう》・良心《りょうしん》・良薬《りょうやく》
良《よ》いしせい

7画

ものしりメモ
「国を治める」「病気が治る」など、訓読みが一つでない場合は、送りがなに注意して見分けよう。「治」は音読みも「ジ・チ」の二つがあるよ。

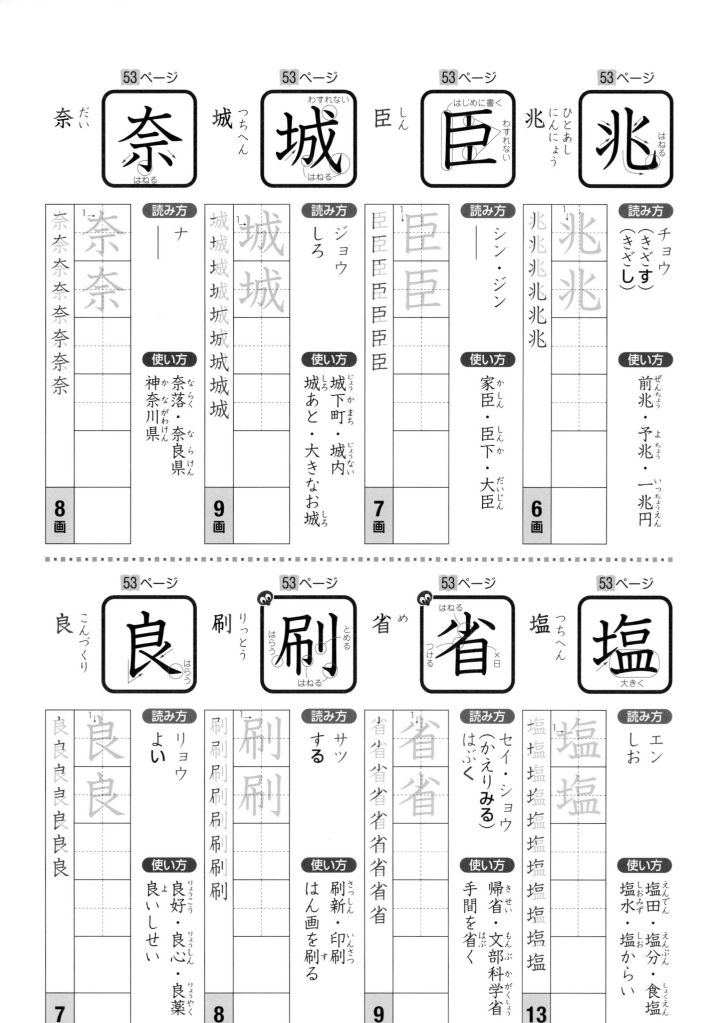

53ページ

孫　こへん

孫（はねる・はらう・とめる）

読み方
ソン
まご

使い方
子孫《しそん》・孫《まご》の手
初孫《はつまご》

10画

孫孫孫孫孫孫孫孫孫孫

53ページ

愛　こころ

愛（はねる・はらう）

読み方
アイ
――

使い方
愛読書《あいどくしょ》・本を愛《あい》する

13画

愛愛愛愛愛愛愛愛愛愛愛愛愛

メモの取り方のくふう

部首に注意。
「愛」の部首は「心」（こころ）だよ。
「夂」（の）や「⺍」（つかんむり）ではないので気をつけよう。

54ページ

必　こころ

必（はらう・はねる）

読み方
ヒツ
かなら**ず**

使い方
必要《ひつよう》・必死《ひっし》
必《かなら》ず行く

5画

必必必必必

54ページ

要　おおいかんむり

要（少し出す・長く・とめる）

読み方
ヨウ
かなめ・（いる）

使い方
必要《ひつよう》・要点《ようてん》・重要《じゅうよう》
チームの要《かなめ》

9画

要要要要要要要要要

漢字のでき方。
要
人が両手でこしをおさえる様子をえがいてできた漢字だよ。
こしが体の大切な部分なことから「大切なところ」の意味を表すよ。

新しい読み方をおぼえる漢字

53ページ　省《はぶ》く	省《はぶ》く
53　省《ショウ》	文部科学省《もんぶかがくしょう》
53　読《トク》	読本《とくほん》

とくべつな読み方の言葉

56　友達	ともだち

ものしりメモ
「必」は、「ノ」を二画めに書くよ。「心」を書いたあとに「ノ」を書くまちがいが多いので注意しよう。

練習のワーク

言葉の広場①　漢字辞典の使い方
メモの取り方のくふう

教科書　上50～57ページ

答え　2ページ

勉強した日　月　日

1 新しい漢字を読みましょう。

50ページ

① 漢字 辞典（　）を使う。

② 政《せい》治（　）を行う。

③ 漢字の 成（　）り立ち。

④ 音訓（　）の読み方。

⑤ 直径（　）をはかる。

⑥ よいことが起きる 前兆（　）。

⑦ 多くの 家臣（　）が仕える。

⑧ 城下町（　）をたずねる。

⑨ 奈落（　）のそこ。

⑩ 大きな 塩田（　）。

⑪ 休みに 帰省（　）する。

⑫ 作業のむだを 省（　）く。

⑬ 文部科学省（　）。

⑭ 昔の 読本（　）を知っている。

⑮ こうこくを 印刷（　）する。

⑯ 良薬（　）を飲む。

⑰ 初孫（　）ができる。

⑱ みんなの 愛読書（　）。

54ページ

⑲ 必要（　）なじょうほう。

⑳ 友達（　）とつたえ合う。

ここから はってん

✿㉑ 国を 治（　）める。

✿の漢字は新出漢字の別の読み方です。

✿㉒ けが治（　　）る。

✿㉓ 去年より成長（　　）する。

✿㉔ 大臣（　　）の仕事。

✿㉕ 城（　　）の中に入る。

✿㉖ 紙に文字を刷（　　）る。

✿㉗ 子孫（　　）をのこす。

2 新しいかんじをかきましょう。〔　〕は、送りがなもかきましょう。

① 50ページ 国語□□《じてん》を引く。

② 政《せい》□《じ》にたずさわる。

③ 国の〔　　〕《なり》立ち。

④ かんじの□□《おんくん》。

⑤ □□《ちょっけい》一メートル。

⑥ 雨がふる□□《ぜんちょう》。

⑦ との様の□□《かしん》。

⑧ □□□《じょうかまち》を歩く。

⑨ □□《ならく》におちる。

⑩ □□《えんでん》を見学する。

⑪ 正月に□□《きせい》する。

⑫ 手間を〔　　〕《はぶく》。

⑬ □□□□□《もんぶかがくしょう》。

⑭ □□《とくほん》を手に取る。

⑮ 新聞を□□《いんさつ》する。

⑯ □□《りょうやく》口に苦し。

⑰ □□《はつまご》と会う。

⑱ わたしの□□□《あいどくしょ》。

⑲ 54ページ かさが□□《ひつよう》だ。

⑳ □□《ともだち》が多い。

ここからはってん

✿㉑ 女王が□《おさ》める国。

✿㉒ かぜが□《なお》る。

✿㉓ こどもの□□《せいちょう》。

✿㉔ □□《だいじん》をつとめた人物。

✿㉕ すなで□《しろ》を作る。

✿㉖ はん画を□《す》る。

✿㉗ との様の□□《しそん》。

3 かんじでかきましょう。（〰は、送りがなもかきましょう。太字は、この回で習ったかんじを使った言葉です。）

① **かんじてん**で**おんくん**をしらべる。

② **ちょっけい**がおなじびんをあつめる。

③ **かしん**が**じょうかまち**にすむ。

④ とないからでんしゃで**きせい**する。

⑤ びょうきにきく**りょうやく**をもらう。

⑥ じゅんびうんどうが**ひつよう**だ。

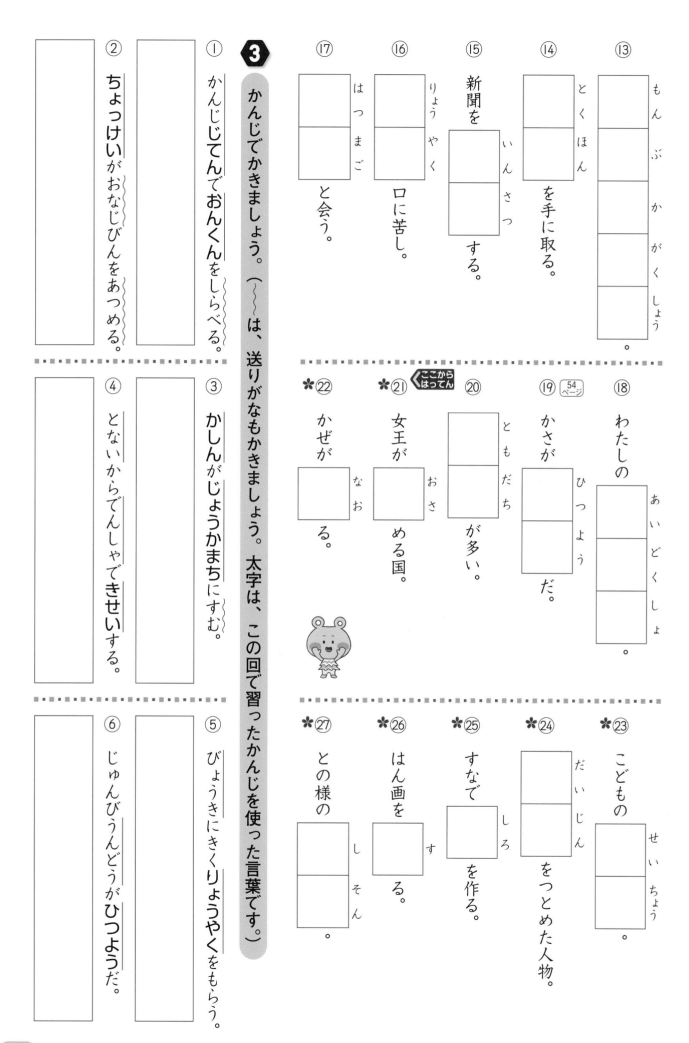

きほんのワーク

リーフレットでほうこく

教科書 上58〜63ページ

勉強した日　月　日

◆「読み方」の赤い字は教科書で使われている読みです。●はまちがえやすい漢字です。

リーフレットでほうこく

伝　58ページ

伝　にんべん

下を長く　とめる

読み方
デン
つたわる・つたえる
つたう

使い方
伝言《でんごん》・音が伝《つた》わる
話を伝《つた》える・かべを伝《つた》う

6画

送りがなに注意。
○ 伝わる
○ 伝える
「つた」という読みは同じだけれど、送りがなによって意味が変わるよ。

注意！

課　58ページ

課　ごんべん

下まで一画　あける　はらう　とめる

読み方
カ
—

使い方
課題《かだい》・日課《にっか》・放課後《ほうかご》

15画

害　59ページ

害　うかんむり

立てる　はねる　一番長く

読み方
ガイ
—

使い方
有害《ゆうがい》・害悪《がいあく》・公害《こうがい》

10画

機　59ページ

機　きへん

わすれない　とめる　はねる

読み方
キ
（はた）

使い方
機械《きかい》・機会《きかい》・待機《たいき》

16画

漢字の形に注意。
機　この点をわすれないようにしよう。
一番最後の十六画めに書くよ。

注意！

59ページ

械　きへん

械（わすれない・はねる・とめる・はらう）

読み方
カイ
―

使い方
機械《きかい》・器械体操《きかいたいそう》

11画

同じ読み方の言葉。
機械《きかい》…電気などの動力によって動くもの。装置《そうち》。
機会《きかい》…ちょうどよい折《おり》。チャンス。

60ページ

折　てへん

折（はねる・はらう・とめる）

読み方
セツ
おる・おり
おれる

使い方
右折《うせつ》・ほねを折《お》る
折《おり》を見て・木が折《お》れる

7画

漢字の意味。
「折」には、いろいろな意味があるよ。
①折る。折り曲げる。　れい　右折
②くじける。　れい　ざ折
③そのとき。機会。　れい　折節《ふし》

60ページ

説　ごんべん

説（あける・はねる）

読み方
セツ・（ゼイ）
とく

使い方
説明《せつめい》・小説《しょうせつ》・力説《りきせつ》
教えを説《と》く

14画

62ページ

参　む

参（とめる・はらう・一番長く）

読み方
サン
まいる

使い方
持参《じさん》・参上《さんじょう》・参考書《さんこうしょ》
お宮参《まい》り

8画

漢字の形に注意。
参　六～八画めは、右上から左下にはらうように書くよ。

新しい読み方をおぼえる漢字

58ページ
伝《つた》える
伝《つた》える

ものしりメモ
「害」は「悪」と同じ意味で、どちらも「よくないこと。わざわい」という意味があるよ。「害悪」で一つの言葉にもなるよ。

練習のワーク

リーフレットでほうこく

勉強した日　月　日

1 新しい漢字を読みましょう。

① 58ページ 相手に（　）伝わる文。

② （　）課題を見つける。

③ 調べたことを（　）伝える。

④ （　）有害なガス。

⑤ 工場の（　）機械。

⑥ 紙を（　）折る。

⑦ （　）説明を書く。

⑧ マイバッグを（　）持参する。

ここから はってん

✿⑨ 相手に（　）伝言をたのむ。

✿⑩ 車が（　）右折する。

✿⑪ （　）折を見て話す。

✿⑫ 平和への思いを（　）説く。

✿⑬ お宮（　）参りをする。

2 新しい漢字をかきましょう。〔　〕は、送りがなもかきましょう。

① 58ページ 内容《よう》が〔　　〕《つたわる》。

② □□《かだい》をおわらせる。

③ 気もちを〔　　〕《つたえる》。

✿の漢字は新出漢字の別の読み方です。

④ □□《ゆうがい》なけむり。

⑤ 電気で□□《きかい》を動かす。

⑥ 木のえだを〔　　〕《おる》。

⑦ くわしい□□《せつめい》を聞く。

⑧ 手がみを□□《じさん》する。

ここから はってん

✿⑨ □□《でんごん》を聞く。

✿⑩ 道を□□《うせつ》する。

✿⑪ □《おり》を見てうかがう。

✿⑫ 先生の教えを□《と》く。

✿⑬ お宮□《まい》りへ向かう。

3 漢字でかきましょう。（〰は、送りがなもかきましょう。太字は、この回で習った漢字を使った言葉です。）

① かぞくによいしらせが**つたわる**。

② **かだい**がいっしゅうかんでおわる。

③ ひとのからだに**ゆうがい**なやくひん。

④ のうぎょうようの**きかい**の**せつめい**。

⑤ いろがみでかざぐるまを**おる**。

⑥ あねのくれたじしょを**じさん**する。

きほんのワーク

言葉の文化① 短歌の世界
漢字の広場② 漢字の音《おん》を表す部分

教科書 上66～73ページ

勉強した日　月　日

◆「読み方」の赤い字は教科書で使われている読みです。(マーク)はまちがえやすい漢字です。

言葉の文化① 短歌の世界

66ページ

衣（ころも）衣

（立てる・はらう）

読み方：イ（ころも）

使い方：衣服《いふく》・白衣《はくい》・衣食住《いしょくじゅう》

6画

67ページ

景（ひ）景

（小さく・長く・とめる・はらう・はねる）

読み方：ケイ　―

使い方：風景《ふうけい》・景品《けいひん》・光景《こうけい》

12画

68ページ

辺（しんにょう しんにゅう）辺

（つき出さない・一画・はねる・はらう）

読み方：ヘン　あたり・べ

使い方：近辺《きんぺん》・周辺《しゅうへん》　辺《あた》りの様子・海辺《うみべ》

5画

漢字の広場② 漢字の音を表す部分

71ページ

以（ひと）以

（とめる・はらう）

読み方：イ　―

使い方：以上《いじょう》・以下《いか》・以前《いぜん》

5画

漢字のでき方。

以

田畑をたがやす道具の「すき」と「人」を合わせた字。すきを使ってはたらくことから「～でもって」などの意味になったよ。

でき方

72ページ

飯（しょくへん）飯

（とめる・はらう）

読み方：ハン　めし

使い方：ご飯《はん》・夕飯《ゆうはん》　朝飯前《あさめしまえ》・にぎり飯《めし》

12画

72ページ

案　き

立てる　少し出す　はねる　長く　とめる　はらう

読み方　アン

使い方　案外《あんがい》・案内《あんない》・名案《めいあん》

10画

73ページ

児　ひとあし　にんにょう

あける　はねる

読み方　ジ・(ニ)

使い方　児童《じどう》・育児《いくじ》・園児《えんじ》

7画

漢字の形に注意。

児　「旧」の部分を、「日」や「目」にしないようにしよう。

注意！

73ページ

貨　かい

はねる　はらう　とめる

読み方　カ

使い方　貨物列車《かもつれっしゃ》・金貨《きんか》

11画

73ページ

未　き

下を長く　はらう　とめる

読み方　ミ

使い方　未満《みまん》・未来《みらい》・未完成《みかんせい》

5画

漢字の意味。

未　「まだ～ない」という打ち消しの意味があるよ。

れい　未完・未知・未定・未来

漢字の意味

73ページ

満　さんずい

上を長く　とめる　はねる

読み方　マン　**みちる・みたす**

使い方　未満《みまん》・しおが満《み》ちる　はらを満《み》たす

12画

73ページ

令　ひとやね

つける　とめる

読み方　レイ

使い方　命令《めいれい》・号令《ごうれい》・指令《しれい》

5画

ものしりメモ　「令」は、「人を集める」という意味の「𠆢」と、人がひざまずくすがたを表す「マ」からできた漢字だよ。「人を集めて言いつける」という意味を表すよ。

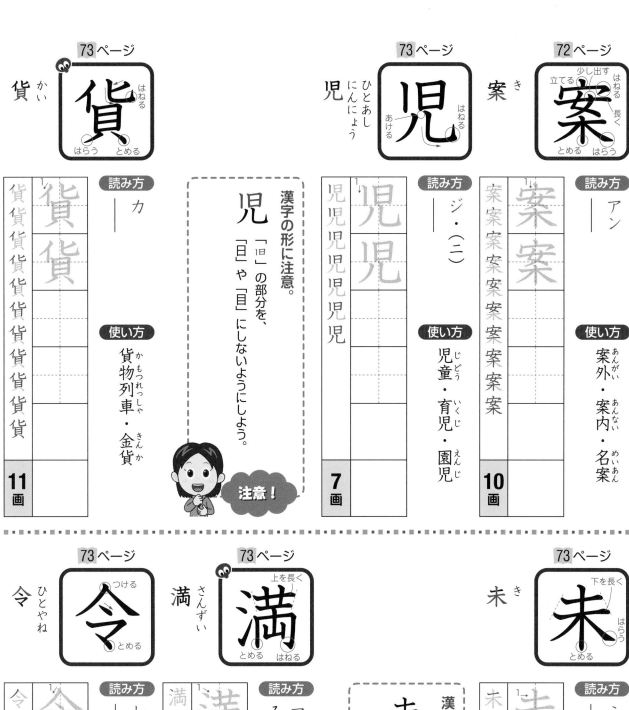

73ページ

冷 にすい

×　つける　とめる

読み方
レイ
つめたい・ひえる
ひや・ひやす・ひやかす
さめる・さます

使い方
冷静《れいせい》・冷《つめ》たい氷
足が冷《ひ》える・茶が冷《さ》める

7画

73ページ

静 あお

一番長く　つき出す　とめる　はねる

読み方
セイ・(ジョウ)
しず・しずか
しずまる・しずめる

使い方
冷静《れいせい》・静止《せいし》・静《しず》けさ
静《しず》かな森・音が静《しず》まる

14画

反対の意味の漢字。

静 ↔ 動

二つの漢字を組み合わせた「動静」という言葉があるよ。

73ページ

官 うかんむり

立てる　はねる　一画　下を大きく

読み方
カン
―

使い方
官庁《かんちょう》・長官《ちょうかん》
外交官《がいこうかん》・警察官《けいさつかん》

8画

73ページ

束 き

はらう　とめる

読み方
ソク
たば

使い方
結束《けっそく》・約束《やくそく》
花束《はなたば》・束《たば》ねる

7画

73ページ

各 くち

あける　はらう

読み方
カク
(おのおの)

使い方
各所《かくしょ》・各地《かくち》・各学年《かくがくねん》

6画

漢字の意味。

「各」には、「ひとつひとつ」「それぞれ」という意味があり、下にいろいろな言葉をつけて使われるよ。

れい 各界・各国・各自・各種・各地

とくべつな読み方の言葉

68ページ
景色
けしき

ものしりメモ 「冷」には、①温度がひくい(れい)冷水・冷気、②心がつめたい(れい)冷血・冷こく、③落ち着いている(れい)冷静、などの意味があるよ。

練習のワーク

言葉の文化① 短歌の世界
漢字の広場② 漢字の音《おん》を表す部分

教科書 上66～73ページ
答え 2ページ

勉強した日　月　日

1 新しい漢字を読みましょう。

① 66ページ 衣服（　　）がほしてある。

② 自然の風景（　　）。

③ もみじが美しい景色（　　）。

④ 海辺（　　）に小屋が見える。

⑤ 千三百年以上（　　）昔。

⑥ 72ページ ご飯（　　）をおかわりする。

⑦ 名案（　　）がうかぶ。

⑧ 児童（　　）たちが整列する。

⑨ 貨物列車（　　）が進む。

⑩ 三さい未満（　　）の子ども。

⑪ 新たな命令（　　）。

⑫ 冷静（　　）に考える。

⑬ 長官（　　）の立場。

⑭ 約束（　　）を守る。

ここからはってん

⑮ 各地（　　）をめぐる。

✿⑯ 冷（　　）たいそばを食べる。

✿⑰ 静（　　）かに話す。

✿⑱ 花束（　　）をわたす。

✿の漢字は新出漢字の別の読み方です。

2 新しい漢字を書きましょう。

① 66ページ □□《いふく》を身につける。

② 秋の□□《ふうけい》。

③ まどから□□《けしき》をみる。

④ □□《うみべ》のホテル。

⑤ 二つ□□《いじょう》食べる。

⑥ 72ページ ご□《はん》の時間。

⑦ その考えは□□《めいあん》だ。

⑧ □□《じどう》が集まる。

⑨ □□□□《かもつれっしゃ》。

⑩ 十人□□《みまん》の人数。

⑪ □□《めいれい》を下す。

⑫ □□《れいせい》に話す。

⑬ そしきの□□《ちょうかん》。

⑭ 一年前の□□《やくそく》。

⑮ □□《かくち》のニュース。

ここからはってん

✿⑯ 足先が□《つめ》たい。

✿⑰ □《しず》かな教室。

✿⑱ きれいな□□《はなたば》。

3 漢字で書きましょう。（〰は、送りがなも書きましょう。太字は、この回で習った漢字を使った言葉です。）

① **かもつれっしゃ**がえきにとまる。

② しろにいるおうさまが**めいれい**する。

③ **れいせい**にあいてのいけんをきく。

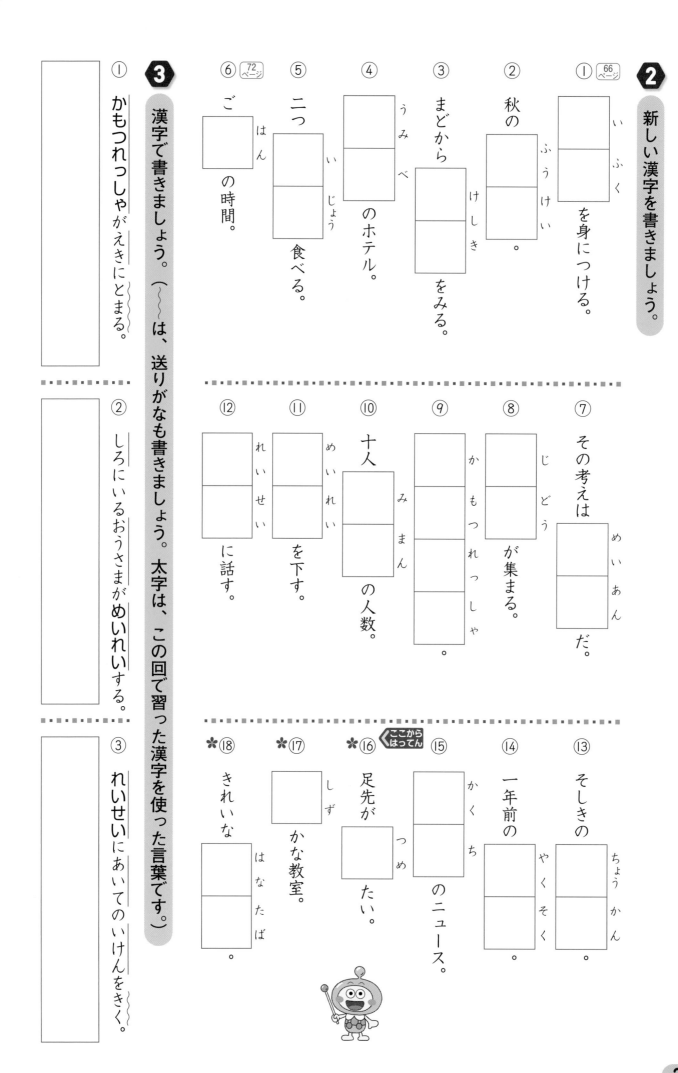

きほんのワーク

都道府県名に用いる漢字 三年生で学んだ漢字②

教科書 上74～76ページ

勉強した日 月 日

◆「読み方」の赤い字は教科書で使われている読みです。

都道府県名に用いる漢字

府 74ページ　府　まだれ　8画
（立てる・はらう・わすれない・はねる）

読み方：フ

使い方：都道府県《とどうふけん》・府民《ふみん》　府知事《ふちじ》

部首に注意。
「府」の部首は「广」（まだれ）だよ。
「たれ」には次のようなものもあるよ。
厂（がんだれ）　れい　原
疒（やまいだれ）　れい　病

茨 74ページ　茨　くさかんむり　9画
（はねる・はらう）

読み方：いばら

使い方：茨城県《いばらきけん》・茨《いばら》が生える　茨《いばら》の道を行く

栃 74ページ　栃　きへん　9画
（はらう・はねる）

読み方：とち

使い方：栃木県《とちぎけん》・栃《とち》の実

群 74ページ　群　ひつじ　13画
（つき出す・一番長く・つき出さない）

読み方：グン　むれる・むれ　むら

使い方：群馬県《ぐんまけん》・群集《ぐんしゅう》・大群《たいぐん》　鳥の群《む》れ・人が群《むら》がる

埼 74ページ　埼　つちへん　11画
（つき出す・はねる）

読み方：さい

使い方：埼玉県《さいたまけん》

74ページ

潟 さんずい

潟（あける・はねる）

読み方
かた

使い方
新潟県《にいがたけん》

15画

74ページ

井 に

井（下を長く・はらう）

読み方
（セイ）
（ショウ）
い

使い方
福井県《ふくいけん》・井戸《いど》

4画

74ページ

梨 き

梨（はねる・とめる・はらう）

読み方
なし

使い方
山梨県《やまなしけん》・梨《なし》を食べる

11画

74ページ

岐 やまへん

岐（はなす・はらう）

読み方
（キ）

使い方
岐阜県《ぎふけん》

7画

74ページ

阜 おか

阜（左下へ・あける・長く）

読み方
フ

使い方
岐阜県《ぎふけん》

8画

部首に注意。
「阜」の部首は、一字全体で「阜」（おか）。
「平地よりも少しもり上がった土地、台地」という意味だよ。

注意！

74ページ

岡 やま

岡（とめる・はねる）

読み方
おか

使い方
静岡県《しずおかけん》・岡山県《おかやまけん》
福岡県《ふくおかけん》

8画

74ページ

滋 さんずい

滋（とめる）

読み方
（ジ）

使い方
滋賀県《しがけん》

12画

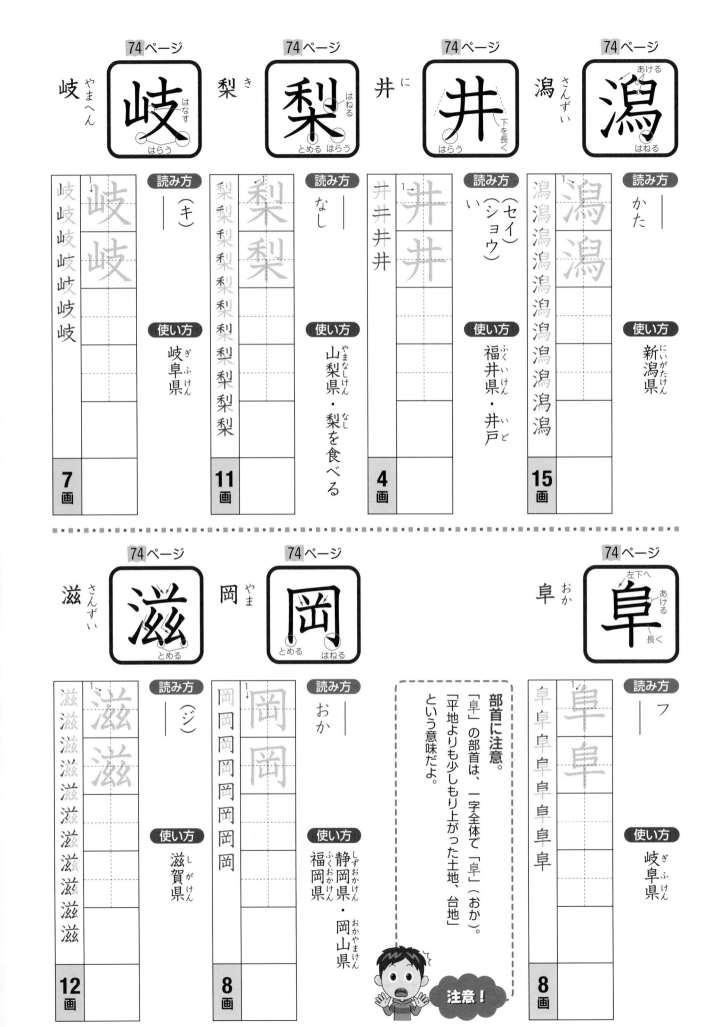

74ページ

賀

賀 かい

はねる　とめる

読み方

ガ

使い方

滋賀県《しがけん》・年賀《ねんが》はがき

12画

でき方

漢字のでき方。

賀　加…「重ねくわえる」という意味を表す。
貝…「お金」を表す。

お金やたからをつみ重ねて、「いわう」という意味を表すよ。

74ページ

阪

阪 こざとへん

はねる　はらう

読み方

（ハン）

使い方

大阪府《おおさかふ》

7画

注意！

形のにている漢字。

阪　れい 大阪

板　れい 黒板

坂　れい 坂道

74ページ

兵

兵 は

あける　長く　とめる

読み方

ヘイ・ヒョウ

使い方

兵力《へいりょく》・水兵《すいへい》・兵庫県《ひょうごけん》

7画

74ページ

徳

徳 ぎょうにんべん

はねる

読み方

トク

使い方

徳島県《とくしまけん》・人徳《じんとく》・道徳《どうとく》

14画

注意！

漢字の形に注意。

徳　「罒」を「四」としないようにしよう。

74ページ

媛

媛 おんなへん

はらう　横ぼう二本

読み方

（エン）

使い方

愛媛県《えひめけん》

12画

ものしりメモ　都道府県を地方ごとにまとめて次のようにいうよ。北海道・東北・関東・中部・近畿《き》・中国・四国・九州（沖縄《おきなわ》県をふくめず、九州・沖縄地方とよぶこともある）。地図などで見てみよう。

74ページ

佐

佐 にんべん

はらう　少し長く

読み方

サ

使い方

佐賀県《さがけん》・少佐《しょうさ》・大佐《たいさ》
補佐《ほさ》

7画

74ページ

崎

崎 やまへん

つき出す　はねる

読み方

さき

使い方

長崎県《ながさきけん》・宮崎県《みやざきけん》

11画

74ページ

熊

熊 れんが れっか

はねる　点の向き

読み方

くま

使い方

熊本県《くまもとけん》・熊手《くまで》・白熊《しろくま》

14画

74ページ

鹿

鹿 しか

あける　はねる

読み方

しか・か

使い方

鹿《しか》の角・鹿児島県《かごしまけん》

11画

74ページ

沖

沖 さんずい

つき出す

読み方

（チュウ）
おき

使い方

沖縄県《おきなわけん》
船が沖《おき》に出る

7画

74ページ

縄

縄 いとへん

つき出さない　はねる

読み方

（ジョウ）
なわ

使い方

沖縄県《おきなわけん》
縄《なわ》とび・しめ縄《なわ》

15画

とくべつな読み方の言葉

74ページ	宮城	みやぎ
74	茨城	いばらき
74	神奈川	かながわ
74	富山	とやま
74	岐阜	ぎふ
74	滋賀	しが
74	大阪	おおさか
74	奈良	なら
74	鳥取	とっとり
74	愛媛	えひめ
74	大分	おおいた
74	鹿児島	かごしま

ものしりメモ　「佐」は、「亻」と「左」という部分からできているよ。「左」の音読みが「サ」だから、「佐」の音読みも「サ」なんだよ。

練習のワーク

都道府県名に用いる漢字
三年生で学んだ漢字②

教科書 上74～76ページ

答え 2ページ

勉強した日　月　日

1 新しい漢字を読みましょう。

① 74ページ 都道府県（　　）名。

② 宮城（　　）県をしょうかいする。

③ 茨城（　　）県の学校。

④ 栃木（　　）県へ出かける。

⑤ 群馬（　　）県のおんせん。

⑥ 埼玉（　　）県に引っこす。

⑦ 神奈川（　　）県へ行く。

⑧ 新潟（　　）県は米どころだ。

⑨ 富山（　　）県をたずねる。

⑩ 福井（　　）県の海に行く。

⑪ 山梨（　　）県産のぶどう。

⑫ 岐阜（　　）県の山々。

⑬ 静岡（　　）県がふるさとだ。

⑭ 滋賀（　　）県の湖。

⑮ 大阪（　　）府を案内する。

⑯ 兵庫（　　）県におじがいる。

⑰ 奈良（　　）県内を歩く。

⑱ 鳥取（　　）県のさきゅう。

⑲ 徳島（　　）県に伝わるおどり。

⑳ 愛媛（　　）県産のみかん。

㉑ 佐賀（　　）県に住む。

103ページ

栄

き　栄

はねる　とめる　とめる　はらう

読み方
エイ
さか**える**
（は**え**）（は**える**）

使い方
栄養士《えいようし》・栄光《えいこう》
国が栄《さか》える

9画

103ページ

養

しょく　養

一番長く　はらう

読み方
ヨウ
やしな**う**

使い方
栄養士《えいようし》・養分《ようぶん》・休養《きゅうよう》
親が子を養《やしな》う

15画

漢字の広場③　送りがなのつけ方

漢字のでき方。

「養」は、「食」と「羊」からできた漢字だよ。

昔の中国では、羊はおいしいものの代表だったことから、おいしいものを食べて体力を「やしなう」という意味を表すよ。

107ページ

老

おいかんむり　老

下を長く　長くはらう　はねる

読み方
ロウ
お**いる**
（ふ**ける**）

使い方
老人《ろうじん》・老木《ろうぼく》・長老《ちょうろう》
人が老《お》いる・年老《としお》いる

6画

107ページ

固

くにがまえ　固

あける

読み方
コ
かた**める**・かた**まる**
かた**い**

使い方
固定《こてい》・セメントが固《かた》まる
固《かた》い約束

8画

107ページ

働

にんべん　働

はねる

読み方
ドウ
はたら**く**

使い方
実働《じつどう》・労働《ろうどう》
工場で働《はたら》く

13画

107ページ

希

はば　希

小さく　はねる

読み方
キ
—

使い方
希望《きぼう》・希少《きしょう》

7画

筆順に注意。

「希」は、

「希希希希希希希」と書くよ。

三画めは、はらいから書くことに気をつけよう。

ものしりメモ
「果」は、木に実がなっている様子を表していて、「くだもの」や「何かを行うことでできたもの」という意味を表すよ。「果実」「成果」などと使うね。

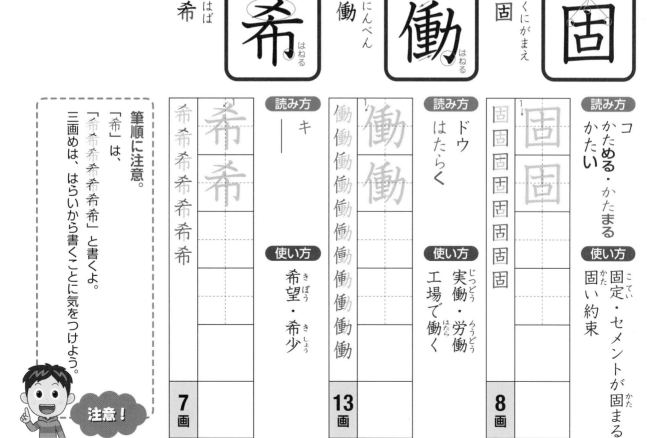

107ページ

望　つき

読み方

ボウ・（モウ）

のぞ**む**

使い方

希望《きぼう》・人望《じんぼう》・有望《ゆうぼう》

望《のぞ》みをかなえる

11画

漢字の意味。

「望」には、いろいろな意味があるよ。

①遠くを見る。　れい　展《てん》望

②ねがう。　れい　希望

③よいひょうばん。　れい　人望

107ページ

唱　くちへん

読み方

ショウ

とな**える**

使い方

唱歌《しょうか》・暗唱《あんしょう》・合唱《がっしょう》

新説を唱《とな》える

11画

漢字の形に注意。

唱

上下の「日」のバランスに注意。下の「日」の方が大きいよ。

107ページ

挙　て

読み方

キョ

あ**げる**・あ**がる**

使い方

挙手《きょしゅ》・手を挙《あ》げる

しょうこが挙《あ》がる

10画

同じ読み方の漢字。

挙《あ》げる…広く知られるようにする。　れい　れいを挙げる。しょうこを挙げる。

上《あ》げる…高いほうへ動かす。　れい　顔を上げる。温度を上げる。

107ページ

覚　みる

読み方

カク

おぼ**える**

さ**ます**・さ**める**

使い方

感覚《かんかく》・名前を覚《おぼ》える

目が覚《さ》める

12画

新しい読み方を覚える漢字

107ページ
覚《さめる》
覚《さ》める

ものしりメモ　「望」は、月を遠くからせのびしてながめている様子からできた漢字だよ。「月」の部分を少しかたむけて書くと、実際《さい》の「月」らしく見えるね。

練習のワーク

写真から読み取る／作ろう学級新聞
漢字の広場③　送りがなのつけ方／三年生で学んだ漢字③

教科書　上98～108ページ
答え　4ページ

勉強した日　月　日

1 新しい漢字を読みましょう。

① 98ページ　今の季節（　　）は冬だ。

② 102ページ　効《こう》果的（　　）に使う。

③ 給食（　　）を食べる。

④ 栄養士《し》（　　）さんの授《じゅ》業。

⑤ 106ページ　人はだれでも老（　　）いる。

⑥ セメントが固（　　）まる。

⑦ 楽しく働（　　）く。

⑧ 希望（　　）した係になる。

⑨ 新しい説を唱（　　）える。

⑩ れいを挙（　　）げる。

⑪ 言葉を覚（　　）える。

⑫ 目が覚（　　）める。

ここからはってん

✿⑬ 竹の節（　　）。

✿⑭ テープで固定（　　）する。

✿⑮ 朝から労《ろう》働（　　）する。

✿⑯ 参加を望（　　）む。

✿⑰ みんなが挙手（　　）する。

✿⑱ 感覚（　　）をとぎすます。

✿の漢字は新出漢字の別の読み方です。

2 新しいかんじを書きましょう。〔　〕は、送りがなも書きましょう。

① 98ページ 寒い□□《きせつ》。

② 102ページ 効《こう》□□《かてき》な方法。

③ □□《きゅうしょく》のこんだて。

④ □□《えいよう》士《し》になる。

⑤ 106ページ かい犬が〔　　〕《おいる》。

⑥ 雪が〔　　〕《かたまる》。

⑦ 必死に〔　　〕《はたらく》。

⑧ 自分の□□《きぼう》を言う。

⑨ 念仏《ぶつ》を〔　　〕《となえる》。

⑩ 式を〔　　〕《あげる》。

⑪ 顔を〔　　〕《おぼえる》。

⑫ ゆめから〔　　〕《さめる》。

ここから はってん

✿⑬ □《ふし》のある板。

✿⑭ 画びょうで□□《こてい》する。

✿⑮ 労《ろう》□《どう》であせを流す。

✿⑯ 面会を□《のぞ》む。

✿⑰ □□《きょしゅ》をおねがいする。

✿⑱ ふわふわした□□《かんかく》。

3 かんじで書きましょう。（〰は、送りがなも書きましょう。ふとじは、この回でならったかんじを使った言葉です。）

① **きせつ**にあうふくをきる。

② あたたかい**きゅうしょく**をたべる。

③ こおりが**かたまる**ようすをみる。

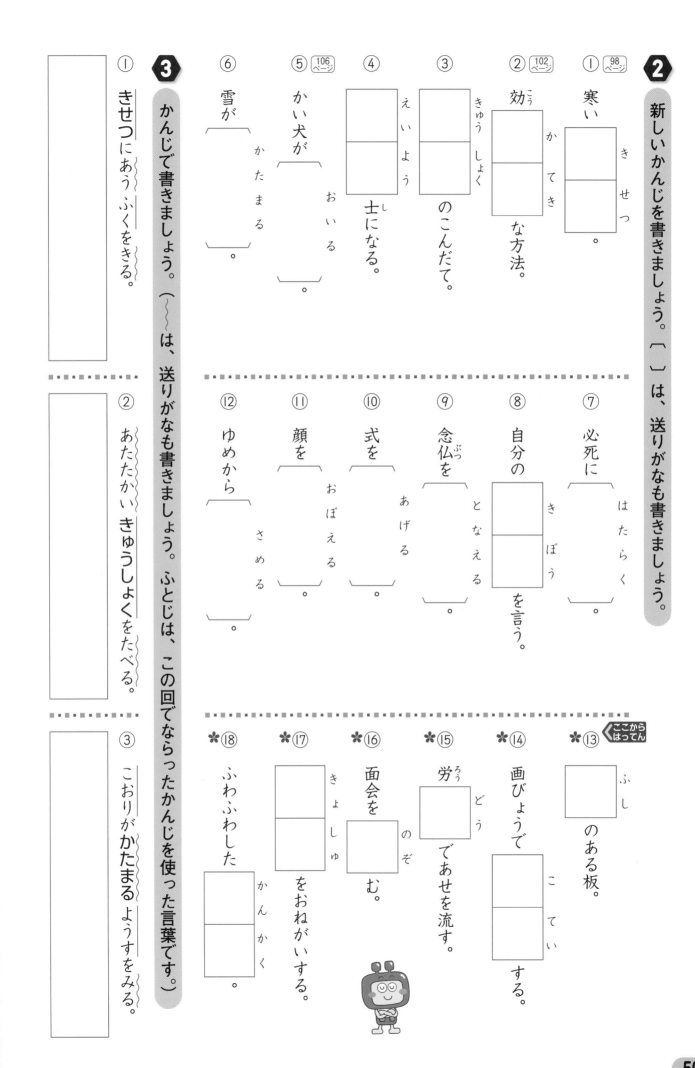

三ねん生でならったかんじを書きましょう。〔　〕は、送りがなも書きましょう。

① □□《こくばん》に答えを書く。

② □《ばい》の道のりを歩く。

③ 一日の〔　　〕《はじまり》。

④ 一分は六十□《びょう》だ。

⑤ 週の〔　　〕《おわり》。

⑥ □□《しょうわ》の遊び。

⑦ □□《とし》の□□《しゃしん》。

⑧ □□□□《せかいちず》。

⑨ □□《きょねん》できた駅。

⑩ □□□《よていひょう》を出す。

⑪ 一か月の□□《きかん》。

⑫ □□《きりつ》して話す。

⑬ 父に□□《しゅくだい》をおそわる。

⑭ □□《きゅうしゅう》を観光する。

⑮ □□《いけん》を言う。

⑯ おこられた□□《りゆう》。

⑰ □□《へんじ》が聞こえる。

⑱ 新しい□□《ふでばこ》。

⑲ □□□《たきょうか》のノート。

⑳ □□《ぶんしょう》の□□《あんしょう》。

㉑ 国語の□□《べんきょう》をする。

㉒ □□《がっきゅう》で話し合う。

㉓ □□□□□《かんじれんしゅうちょう》。

㉔ むずかしい〔　　〕《とい》。

きほんのワーク

一つの花
言葉の広場②　修飾《しゅうしょく》語

◆「読み方」の赤い字は教科書で使われている読みです。（印）はまちがえやすい漢字です。

教科書 上 110～125ページ

勉強した日　月　日

一つの花

110ページ　戦（ほこづくり・ほこがまえ）

わすれない／はねる／とめる

読み方：セン　（いくさ）　たたかう

使い方：戦争《せんそう》・作戦《さくせん》・対戦《たいせん》　試《し》合で戦《たたか》う

13画

部首に注意。
「戦」の部首は、「戈」（ほこづくり・ほこがまえ）。
「戈」は古代の武器《ぶき》であるやりににた、「ほこ」の形をもとにしているよ。

注意！

110ページ　争（はねぼう）

つき出す／はねる

読み方：ソウ　あらそう

使い方：戦争《せんそう》・争点《そうてん》・論争《ろんそう》　言い争《あらそ》う

6画

110ページ　飛（とぶ）

はねる／はらう

読み方：ヒ　とぶ・とばす

使い方：飛行機《ひこうき》・飛来《ひらい》　空を飛《と》ぶ・上に飛《と》ばす

9画

111ページ　焼（ひへん）

一番長く／はねる／とめる

読み方：（ショウ）　やく・やける

使い方：魚を焼《や》く・夕焼《ゆうや》け空

12画

114ページ　包（つつみがまえ）

はねる／あける

読み方：ホウ　つつむ

使い方：包帯《ほうたい》・包囲《ほうい》　紙で包《つつ》む

5画

114ページ

帯 はば

帯

つき出さない
はねる

読み方
タイ
おびる・おび

使い方
包帯《ほうたい》・一帯《いったい》・世帯《せたい》
刀を帯《お》びる・帯《おび》を結ぶ

10画

114ページ

泣 さんずい

泣

立てる
下を長く

読み方
（キュウ）
なく

使い方
泣《な》き顔
赤ちゃんが泣《な》く

8画

「氵」のつく漢字。
「泣」の部首は、「氵」（さんずい）。
「氵」は水に関係のある漢字につくよ。
泣くときには、なみだが流れるから、
「氵」がつくんだね。

115ページ

勇 ちから

勇

つき出す
はねる

読み方
ユウ
いさ**む**

使い方
勇気《ゆうき》・勇者《ゆうしゃ》
勇《いさ》ましい人

9画

115ページ

軍 くるま

軍

はねる
長く

読み方
グン
―

使い方
軍歌《ぐんか》・軍隊《ぐんたい》・軍配《ぐんばい》

9画

漢字の形に注意。
軍
横のぼうの長さは、下が一番長いよ。
バランスに気をつけよう。

116ページ

隊 こざとへん

隊

はらう
はねる

読み方
タイ
―

使い方
兵隊《へいたい》・隊長《たいちょう》・隊列《たいれつ》
探検隊《たんけんたい》

12画

部首に注意。
「阝」が漢字の左がわにつく（こざとへん）
…院　隊　陽　など。
「阝」が漢字の右がわにつく（おおざと）
…郡《ぐん》　都　部　など。

ものしりメモ
「戦」と「争」は「あらそうこと」、「包」と「帯」は「つつんだりまいたりすること」。
「戦争」「包帯」は、どちらもにた意味をもつ漢字を組み合わせてできた言葉だよ。

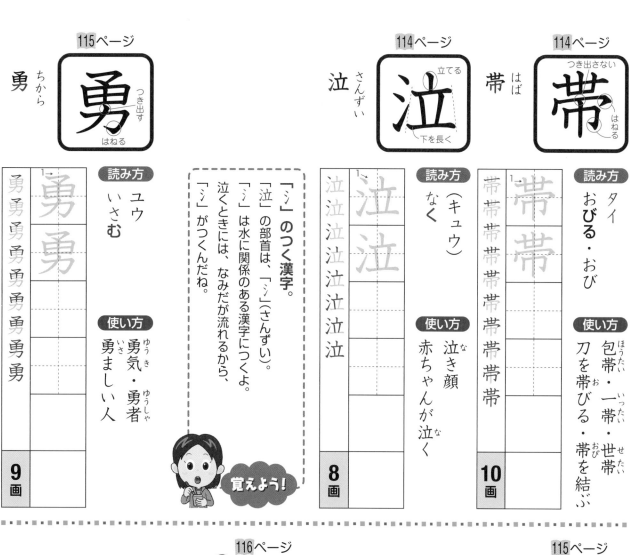

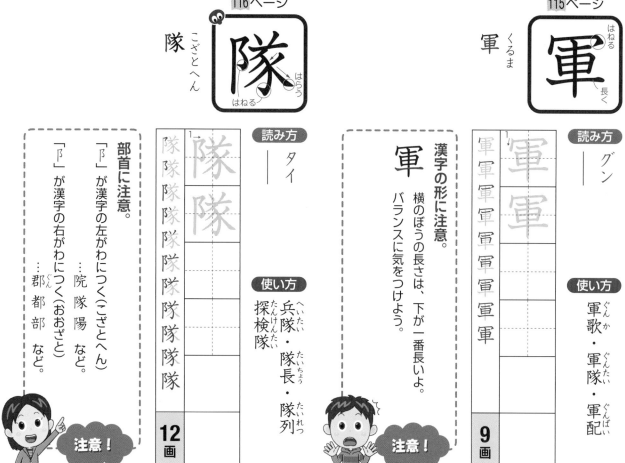

言葉の広場② 修飾語《しゅうしょくご》

117ページ

輪

つける　はねる　つき出さない

輪　くるまへん

読み方
リン
わ

使い方
一輪《いちりん》・車輪《しゃりん》・年輪《ねんりん》
指輪《ゆびわ》・輪投《わな》げ

15画

漢字の形に注意。
輪
右下の部分は、横ぼうが一本、たてぼうが二本と覚えて、まちがえないように書こう。

注意！

124ページ

旗

立てる　下を長く　はねる　とめる

旗　かたへん

読み方
キ
はた

使い方
旗手《きしゅ》・校旗《こうき》・国旗《こっき》
旗《はた》をあげる

14画

筆順に注意。
「旗」の「方」の部分は、「方方方方」と書くよ。
「方方方方」と書かないようにしよう。

注意！

125ページ

牧

はらう　とめる

牧　うしへん

読み方
ボク
（まき）

使い方
牧場《ぼくじょう》・牧草《ぼくそう》・放牧《ほうぼく》

8画

部首に注意。
「牧」の部首は「牜」（うしへん）だよ。「教」や「放」のような「攵」（ぼくづくり）ではないので、注意しよう。

注意！

新しい読み方を覚える漢字

ページ	漢字	使い方
110ページ	飛《と》ぶ	飛《と》ぶ
118	包《つつ》む	包《つつ》む
124	旗《キ》	旗手《きしゅ》

ものしりメモ
「輪」の部首は、「車」（くるまへん）。同じ部首の漢字には、ほかに「軽」「転」などがあるよ。「くるま」「（くるまのように）まるい」という意味に関係のある漢字につくよ。

練習のワーク

一つの花
言葉の広場② 修飾《しゅうしょく》語

教科書 上110～125ページ
答え 5ページ

勉強した日　月　日

1 新しい漢字を読みましょう。

① 110ページ はげしい戦争（　　）。
② 飛行機（　　）に乗る。
③ 空を飛（　　）ぶ。
④ 次々に草を焼（　　）く。
⑤ 包帯（　　）を入れたかばん。
⑥ むすめの泣（　　）き顔。
⑦ 勇（　　）ましいかけ声。
⑧ 軍歌（　　）が聞こえる。
⑨ 兵隊（　　）になる。
⑩ 一輪（　　）のコスモスの花。
⑪ 花に包（　　）まれた家。
⑫ 124ページ 大きい旗（　　）。
⑬ 旗手（　　）の役わり。
⑭ 羊が牧場（　　）を走る。

ここから はってん

✿⑮ チームで戦（　　）う。
✿⑯ てきと争（　　）う。
✿⑰ はとを飛（　　）ばす。
✿⑱ 日に焼（　　）ける。
✿⑲ 力を帯（　　）びる。
✿⑳ 帯（　　）をしめる。
✿㉑ 勇気（　　）がある人。

✿の漢字は新出漢字の別の読み方です。

✿㉒ 〔輪投げ〕で遊ぶ。

2 新しい漢字を書きましょう。〔　〕は、送りがなも書きましょう。

① 110ページ □□《せんそう》が始まる。

② □□□《ひこうき》が出発する。

③ つばめが空を〔　〕《とぶ》。

④ 魚を〔　〕《やく》。

⑤ □□《ほうたい》を用意する。

⑥ 弟が〔　〕《なく》。

⑦ 〔　〕《いさましい》人。

⑧ □□《ぐんか》が流れる。

⑨ □□《へいたい》が整列する。

⑩ バラを□□《いちりん》かざる。

⑪ おくりものを〔　〕《つつむ》。

⑫ 124ページ □《はた》をふる。

⑬ パレードの□□《きしゅ》。

⑭ □□《ぼくじょう》をいとなむ。

ここからはってん

✿⑮ てきと□《たたか》う。

✿⑯ トップをめぐって□《あらそ》う。

✿⑰ パンが□《や》ける。

✿⑱ 赤みを□《お》びる。

✿⑲ 金色の□《おび》。

✿⑳ □□《ゆうき》を出す。

✿㉑ □□《わな》げの名人。

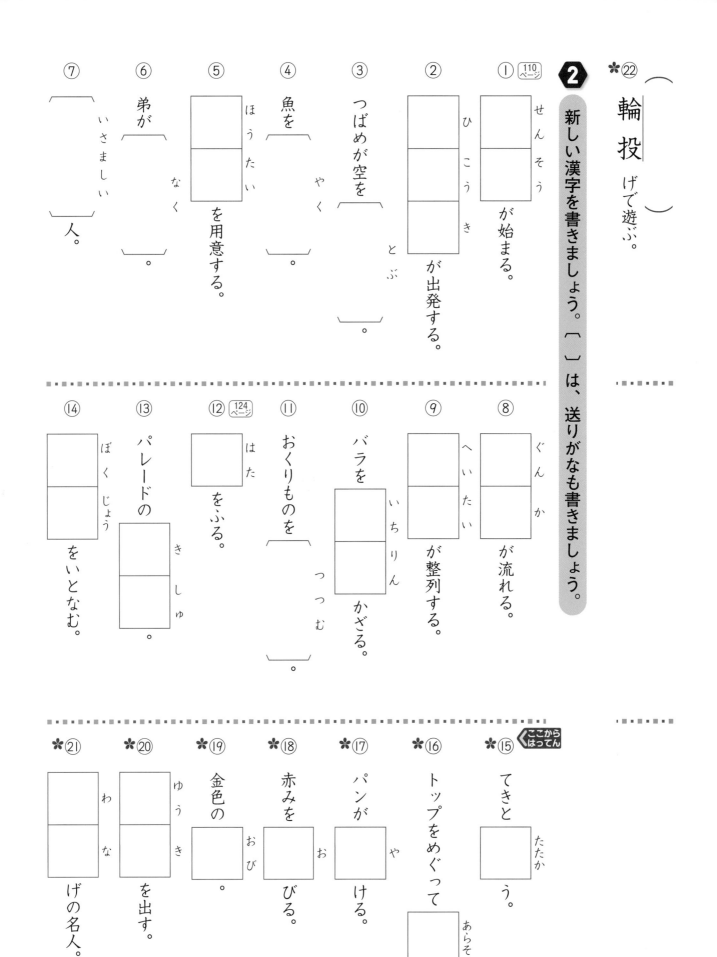

3 漢字で書きましょう。（〰は、送りがなも書きましょう。太字は、この回で習った漢字を使った言葉です。）

① **せんそう**のものがたりをよむ。

② おおさかふいきの**ひこうき**にのる。

③ ふねのうえをうみどりが**とぶ**。

④ あみのうえでやさいとにくを**やく**。

⑤ やっきょくで**ほうたい**をかう。

⑥ すいぞくかんでちいさなこが**なく**。

⑦ **いさましいぐんか**をさっきょくする。

⑧ でんちでうごくおもちゃの**へいたい**。

⑨ **いちりん**のはなをそだてる。

⑩ がっこうで**はた**をつくる。

⑪ うんどうかいで**きしゅ**をする。

⑫ みずうみのそばの**ぼくじょう**。

きほんのワーク

作ろう！「ショートショート」
言葉の文化② 「月」のつく言葉

教科書 上126〜133ページ

勉強した日　月　日

◆「読み方」の赤い字は教科書で使われている読みです。●●はまちがえやすい漢字です。

作ろう！「ショートショート」

126ページ

不（あける・とめる）

不　いち

読み方：フ・ブ

使い方：不思議《ふしぎ》・不安《ふあん》・不明《ふめい》　不気味《ぶきみ》・不用心《ぶようじん》

4画

126ページ

議（わすれない・あける・はねる）

議　ごんべん

読み方：ギ

使い方：不思議《ふしぎ》・議題《ぎだい》・会議《かいぎ》

20画

筆順に注意。
「議」の「義」は、「義義義義義義義義義義義義義」と書くよ。
「我」の部分に気をつけて書こう。

注意！

言葉の文化② 「月」のつく言葉

127ページ

博（わすれない・とめる・はねる）

博　じゅう

読み方：ハク・（バク）

使い方：博物館《はくぶつかん》・博愛《はくあい》・博学《はくがく》

12画

漢字の形に注意。
博　この点をわすれないようにしよう。
「寸」を書く前に点を打ってね。

注意！

132ページ

欠（はねる・はらう）

欠　あくび

読み方：ケツ　かける・かく

使い方：欠席《けっせき》・欠点《けってん》・出欠《しゅっけつ》　満ち欠《か》け・礼ぎを欠《か》く

4画

練習のワーク

作ろう！「ショートショート」　言葉の文化②「月」のつく言葉

教科書 上126〜133ページ
答え 5ページ

勉強した日　月　日

1 新しい漢字を読みましょう。

①（126ページ） （　　）不思議な物語。

② （　　）博物館に行く。

③（132ページ） 月の満ち欠（　　）け。

ここからはってん

✿④ （　　）不気味な声。

✿⑤ 先生が（　　）出欠をとる。

✿⑥ 注意を（　　）欠く行動。

2 新しい漢字を書きましょう。〔　〕は、送りがなも書きましょう。

①（126ページ） □□□《ふしぎ》なできごと。

② 大きな□□□□《はくぶつかん》。

③（132ページ） 花びんのふちが〔　　〕《かける》。

ここからはってん

✿④ □□□《ぶきみ》な光。

✿⑤ 式への□□《しゅっけつ》を知らせる。

✿⑥ 決め手を□《か》く。

3 漢字で書きましょう。（〜〜は、送りがなも書きましょう。太字は、この回で習った漢字を使った言葉です。）

① **ふしぎ**なえを**きょうしつ**にかざる。

② おやこで**はくぶつかん**にはいる。

③ **つき**がみちかけをくりかえす。

✿の漢字は新出漢字の別の読み方です。

きほんのワーク

ごんぎつね
読書の広場③「読書発表会」をしよう

教科書 下8～33ページ

勉強した日　月　日

◆「読み方」の赤い字は教科書で使われている読みです。●●はまちがえやすい漢字です。

ごんぎつね

散（9ページ）　ぼくにょう ぼくづくり のぶん

はらう　とめる　はねる

読み方：サン／ちる・ちらす／ちらかす・ちらかる

使い方：散歩《さんぽ》・ほり散《ち》らす／つくえが散《ち》らかる

12画

漢字の意味

「散」には、いろいろな意味があるよ。

①ばらばらになる。　れい　散会・分散

②こな薬。　れい　散薬・胃《い》散

③気ままにする。　れい　散歩・散策《さく》

続（9ページ）　いとへん

上を長く　はねる　はらう　とめる

読み方：ゾク／つづく・つづける

使い方：続出《ぞくしゅつ》・続行《ぞっこう》・持続《じぞく》／話が続《つづ》く・発言を続《つづ》ける

13画

松（19ページ）　きへん

あける　とめる　とめる

読み方：ショウ／まつ

使い方：松竹梅《しょうちくばい》／松《まつ》たけ・松《まつ》の木

8画

側（20ページ）　にんべん

少し小さく　とめる　はねる

読み方：ソク／がわ

使い方：側面《そくめん》・側近《そっきん》／かた側《がわ》・左側《ひだりがわ》

11画

巣（28ページ）　つかんむり

下まで一画　とめる　はらう

読み方：（ソウ）／す

使い方：巣《す》あな・巣立《すだ》つ／巣《す》を作る

11画

連 30ページ

連 しんにょう しんにゅう

（下を長く　一画）

読み方
レン
つらなる・つらねる
つれる

使い方
関連《かんれん》・連休《れんきゅう》・連立《れんりつ》
車が連《つら》なる・犬を連《つ》れる

10画

漢字のでき方。

連　車…「くるま」を表す。
辶…「道を行く」ことを表す。
車が道を続いて進むことから、「つらなる」という意味を表すよ。

録 31ページ

録 かねへん

（とめる　はねる）

読み方
ロク
—

使い方
記録《きろく》・録音《ろくおん》・録画《ろくが》

16画

料 33ページ

料 とます

（とめる）

読み方
リョウ
—

使い方
料理《りょうり》・料金《りょうきん》・資料《しりょう》

10画

陸 33ページ

陸 こざとへん

（下を長く　はねる）

読み方
リク
—

使い方
上陸《じょうりく》・陸地《りくち》・大陸《たいりく》

11画

極 33ページ

極 きへん

（一画　とめる　とめる　はねる）

読み方
キョク・（ゴク）
（きわめる）（きわまる）
（きわみ）

使い方
南極《なんきょく》・極限《きょくげん》・北極《ほっきょく》

12画

漢字の形に注意。

極　六画めの形に注意しよう。
最後ははねるよ。

新しい読み方を覚える漢字

33ページ
連《つ》れる
連《つ》れる

ものしりメモ
「連」には、「つら(なる)」「つら(ねる)」「つ(れる)」という訓読みがあるよ。送りがなに注意して区別しよう。　（例）店が連《つら》なる。　名を連《つら》ねる。　友達を連《つ》れる。

練習のワーク

ごんぎつね
読書の広場③　「読書発表会」をしよう

教科書　下8～33ページ
答え　5ページ

勉強した日　月　日

1 新しい漢字を読みましょう。

① 8ページ　いもをほり散（　）らす。

② 雨がふり続（　）く。

③ 松（　）たけを持っていく。

④ 道のかた側（　）。

⑤ たぬきの巣（　）あな。

⑥ 30ページ　テーマに関連（　）のある本。

⑦ 読んだ本の記録（　）。

⑧ 野外での料理（　）の仕方。

⑨ 島に上陸（　）する。

⑩ たにぞこに連（　）れていく。

⑪ 南極（　）大陸のたんけん。

ここからはってん

✿⑫ 散歩（　）に出かける。

✿⑬ ごみが散（　）らかる。

✿⑭ けが人が続出（　）する。

✿⑮ 話を続（　）ける。

✿⑯ 松竹梅（　）のもよう。

✿⑰ コップの側面（　）。

✿⑱ 山が連（　）なる。

2 新しい漢字を書きましょう。〔　〕は、送りがなも書きましょう。

✿の漢字は新出漢字の別の読み方です。

①（8ページ）作物をほり［　］《ちらす》。

②物語が［　］《つづく》。

③［　］《まつ》たけを食べる。

④かた［　］《がわ》による。

⑤［　］《す》あなを調べる。

⑥（30ページ）文化に［　］《かんれん》したしせつ。

⑦新たな［　］《きろく》。

⑧［　］《りょうり》を楽しむ。

⑨［　］《じょうりく》のじゅんび。

⑩小さな子を［　］《つれる》。

⑪［　］《なんきょく》で犬ぞりに乗る。

ここからはってん

✿⑫近所を［　］《さんぽ》する。

✿⑬参加者が［　］《ぞくしゅつ》する。

✿⑭毎朝運動を［　］《つづ》ける。

✿⑮［　］《しょうちくばい》。

✿⑯箱の［　］《そくめん》。

3 漢字で書きましょう。（〰は、送りがなも書きましょう。太字は、この回で習った漢字を使った言葉です。）

①よいてんきのひが**つづく**。

②やきゅうに**かんれん**する**きろく**。

③にほん**りょうり**のみせにむかう。

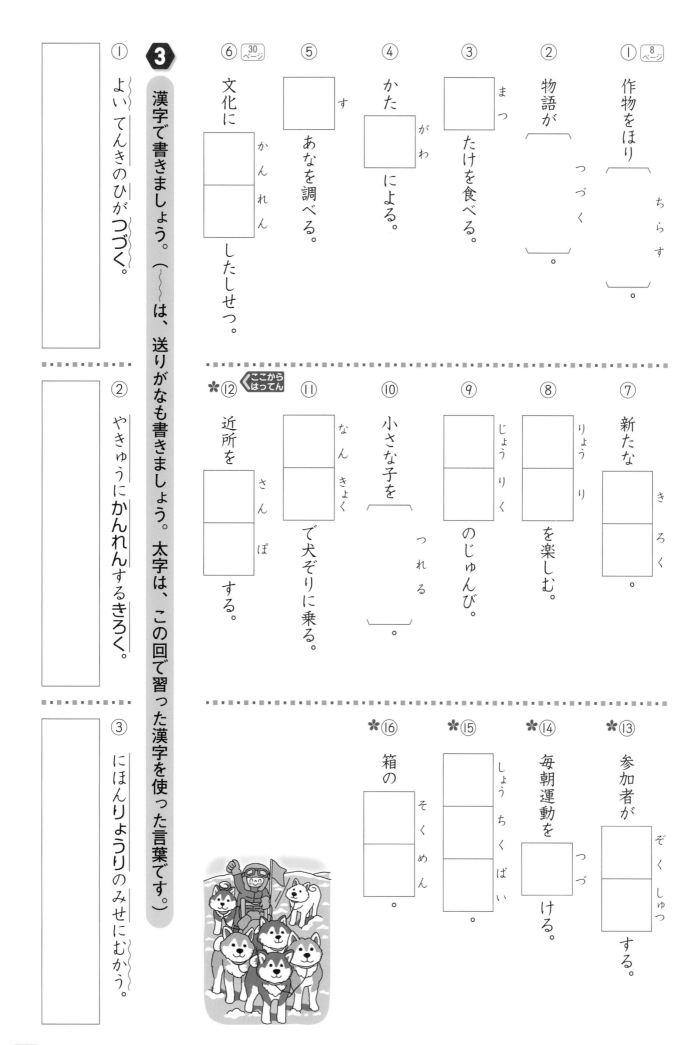

きほんのワーク

みんなが楽しめる新スポーツ
漢字の広場④ いろいろな意味を表す漢字／三年生で学んだ漢字④

教科書 下38〜46ページ

勉強した日 月 日

◆「読み方」の赤い字は教科書で使われている読みです。

みんなが楽しめる新スポーツ

38ページ

仲（にんべん）

とめる

読み方：（チュウ） なか

使い方：仲《なか》がよい・仲間《なかま》

6画

39ページ

司（くち）

はねる

読み方：シ —

使い方：司会《しかい》・司書《ししょ》・上司《じょうし》

5画

漢字の意味。

司

もとは、「祭事をとり行うことや人」を表していたよ。そこから、「ある役目をもって仕事をすることや人」を表すようになったんだ。

40ページ

願（おおがい）

はらう はねる とめる

読み方：ガン ねがう

使い方：願書《がんしょ》・大願《たいがん》・悲願《ひがん》 願《ねが》いをこめる

19画

41ページ

共（は）

下を長く はらう とめる

読み方：キョウ とも

使い方：共通点《きょうつうてん》・共同《きょうどう》・公共《こうきょう》 共働《ともばたら》き

6画

漢字のでき方。

共

物を両手でささげ持つ様子からできた漢字だよ。両手をいっしょに使うことから、「ともに」の意味を表すよ。

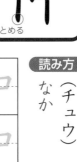

42ページ

試

試 ごんべん

あける　わすれない　はねる

読み方
シ
こころみる
（ためす）

使い方
試合《しあい》・試作《しさく》・試練《しれん》
何度も試《こころ》みる

13画

筆順に注意。
「試」の「式」の部分は、「式式式式」と書くよ。
「式式式式」と書かないようにしよう。

42ページ

協

協 じゅう

はねる　とめる

読み方
キョウ
──

使い方
協力《きょうりょく》・協議《きょうぎ》・協調《きょうちょう》

8画

漢字のでき方。
協
劦…「力を合わせる」意味を表す。
十…「多い」という意味を表す。
「多くの人が力を合わせること」を表すよ。

44ページ

選

選 しんにょう　しんにゅう

あける　はねる　一画　下を長く

読み方
セン
えらぶ

使い方
選手《せんしゅ》・選挙《せんきょ》・選考《せんこう》
代表を選《えら》ぶ

15画

「辶」のつく漢字。
「辶」（しんにょう・しんにゅう）は、道に関係のある漢字につくよ。
「辶」のつく漢字…遠　達　通　道　など。

44ページ

灯

灯 ひへん

とめる　はねる

読み方
トウ
（ひ）

使い方
灯台《とうだい》・灯火《とうか》・電灯《でんとう》

6画

45ページ

民

民 うじ

長く　はねる

読み方
ミン
（たみ）

使い方
市民《しみん》・民家《みんか》・国民《こくみん》

5画

ものしりメモ
「灯」は、「火」（火）と、「丁」（ろうそく立て）からできた漢字だよ。「ろうそく立てに立てられた火」という意味を表すよ。

45ページ

副 りっとう

副
とめる
はねる
少し大きく

読み方
フク
―

使い方
副院長《ふくいんちょう》・副作用《ふくさよう》
副社長《ふくしゃちょう》

11画

同じ読み方で形のにている漢字。

副（フク） れい 副業・副会長・副作用

福（フク） れい 幸福・祝福《しゅくふく》・福引き

注意！

45ページ

夫 だい

夫
下を長く
はらう

読み方
フ・（フウ）
おっと

使い方
夫人《ふじん》・水夫《すいふ》・農夫《のうふ》
わたしの夫《おっと》

4画

漢字のでき方。

夫

大人になった印のかんむりをつけた人のすがたからできた漢字だよ。

「一人前になった男の人・けっこんした男の人」を表しているよ。

でき方

45ページ

札 きへん

札
はねる
とめる

読み方
サツ
ふだ

使い方
千円札《せんえんさつ》・新札《しんさつ》・落札《らくさつ》
名札《なふだ》・お札《ふだ》・立て札《ふだ》

5画

形のにている漢字。

札（サツ） ふだ。きっぷ。 れい 改札《かい》

礼（レイ） ぎしき。おじぎ。 れい 朝礼

注意！

新しい読み方を覚える漢字

45ページ	
選《えら》ぶ	選《えら》ぶ
45	
札《ふだ》	名札《なふだ》

とくべつな読み方の言葉

45	
川原	かわら

ものしりメモ 「副」には、「つきそって助ける」「つけ加える」という意味があり、「副院長」（院長を助ける人）、「副作用」（別の作用）などと使うよ。

練習のワーク

みんなが楽しめる新スポーツ
漢字の広場④ いろいろな意味を表す漢字／三年生で学んだ漢字④

教科書 下38〜46ページ
答え 5ページ

勉強した日　月　日

1 新しい漢字を読みましょう。

① 38ページ （　）仲よくなりたいと思う。

② （　）司会の役わり。

③ 提《てい》案をお（　）願いする。

④ 自分との（　）共通点。

⑤ テニスの（　）試合をする。

⑥ 他の人と（　）協力する。

⑦ 44ページ マラソンの（　）選手。

⑧ （　）灯台が見える。

⑨ 二つから（　）選ぶ。

⑩ （　）川原で遊ぶ。

⑪ （　）市民病院へ行く。

⑫ （　）副院長になる。

⑬ 音楽家の（　）夫。

⑭ （　）千円札を出す。

⑮ （　）名札をつける。

ここから はってん

✿⑯ （　）願書を出す。

✿⑰ （　）共働きの家庭。

✿⑱ 新しいことを（　）試みる。

✿⑲ （　）農夫の絵。

✿の漢字は新出漢字の別の読み方です。

2 新しい漢字をかきましょう。〔　〕は、送りがなもかきましょう。

① 38ページ □《なか》よくくらす。

② □□《しかい》をつとめる。

③ 一年の健康《けんこう》を〔　　〕《ねがう》。

④ □□□《きょうつうてん》がある。

⑤ 他クラスと□□《しあい》をする。

⑥ □□《きょうりょく》して仕上げる。

⑦ 44ページ 水泳の□□《せんしゅ》になる。

⑧ □□《とうだい》の光を目指す。

⑨ どれか一つを〔　　〕《えらぶ》。

⑩ □□《かわら》のそばを走る。

⑪ □□《しみん》プールに行く。

⑫ □□□《ふくいんちょう》にあう。

⑬ □《おっと》が食事を作る。

⑭ □□□《せんえんさつ》を数える。

⑮ □□《なふだ》を作る。

ここからはってん

✿⑯ 入学の□□《がんしょ》を送る。

✿⑰ □□《ともばたら》きをする。

✿⑱ 別の方法を□《こころ》みる。

3 漢字でかきましょう。（〰は、送りがなもかきましょう。太字は、このかいで習った漢字を使った言葉です。）

① **しあい**にかつことをねがう。

② **せんしゅ**に**なふだ**をくばる。

③ これからすむ**ばしょ**をえらぶ。

4 三年生で学んだ漢字

三年生で習った漢字をかきましょう。〔　〕は、送りがなもかきましょう。

① □□《ひっし》に学ぶ。

② ボールを〔　　〕《おう》。

③ □□□《うんどうぎ》をぬぐ。

④ □□□《かかりかつどう》を行う。

⑤ □□《やね》を修《しゅう》理する。

⑥ □□□《たいいくかん》に入る。

⑦ 広い□□《こうてい》。

⑧ □□《ゆうぐ》を使用する。

⑨ すぐに□□《せいれつ》する。

⑩ あいてと□□《たいけつ》する。

⑪ □□□□《ぜんりょくとうきゅう》。

⑫ □□《ちゅうおう》にすわる。

⑬ □□《だいだ》でしあいに出る。

⑭ 何度も□□《しょうぶ》する。

⑮ こうげきから身を〔　　〕《まもる》。

⑯ □□□□《びかいいん》。

⑰ ちり〔　　〕《とり》を使う。

⑱ □□□《だいにかい》のお祭り。

⑲ □□《うえき》の水やり。

⑳ ごみを〔　　〕《ひろう》。

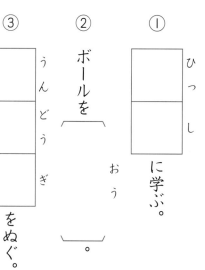

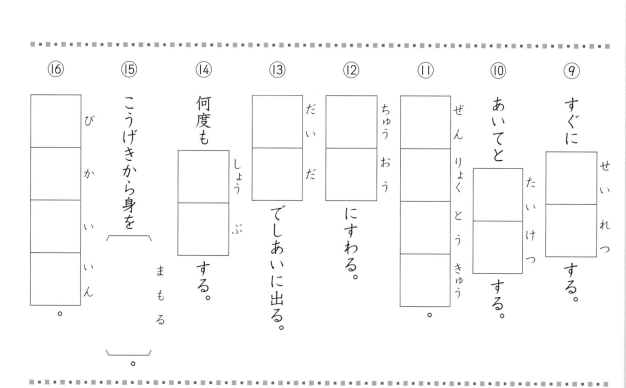

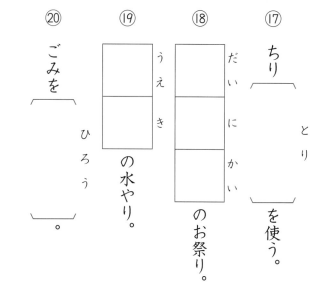

きほんのワーク

ウミガメの命をつなぐ
言葉の広場④　二つのことがらをつなぐ言葉

教科書 ㊦48～61ページ

勉強した日　月　日

◆「読み方」の赤い字は教科書で使われている読みです。（目玉マーク）はまちがえやすい漢字です。

ウミガメの命をつなぐ

材　48ページ
材　きへん
（少し出す・とめる・はねる）
読み方：ザイ／―
使い方：材料《ざいりょう》・材木《ざいもく》・人材《じんざい》
7画

無　50ページ
無　れんが　れっか
（長く・点の向き）
読み方：ム・ブ／**ない**
使い方：無理《むり》・無関心《むかんしん》・無事《ぶじ》／無《な》い物ねだり
12画

管　51ページ
管　たけかんむり
（立てる・はねる・一画・下を大きく）
読み方：カン／くだ
使い方：管理《かんり》・血管《けっかん》・真空管《しんくうかん》／ビニールの管《くだ》
14画

功　51ページ
功　ちから
（小さく・はねる）
読み方：コウ・（ク）／―
使い方：成功《せいこう》・功績《こうせき》・功名《こうみょう》
5画

漁　55ページ
漁　さんずい
（点の向き）
読み方：ギョ・リョウ／―
使い方：漁港《ぎょこう》・漁業《ぎょぎょう》・漁船《ぎょせん》／漁師《りょうし》・大漁《たいりょう》
14画

読み方に注意。
ギョ　れい　漁業・漁港・漁船
リョウ　れい　漁師《し》・大漁・不漁
言葉によって、読み方を区別しよう。

億

58ページ

億 にんべん

立てる／下を長く／はねる

読み方
オク
―

使い方
一億人《いちおくにん》・一億円《いちおくえん》
億万長者《おくまんちょうじゃ》

15画

言葉の広場④ 二つのことがらをつなぐ言葉

漢字の形に注意。

億

つくりの「意」は「考えて、心の中がいっぱいになる」という意味。
「竟」としないよう注意しよう。

例

61ページ

例 にんべん

とめる／はらう／はねる

読み方
レイ
たと**える**

使い方
例《れい》を出す・例外《れいがい》・用例《ようれい》
例《たと》えばの話

8画

昨

61ページ

昨 ひへん

短く／小さく

読み方
サク
―

使い方
昨夜《さくや》・昨年《さくねん》

9画

街

61ページ

街 ぎょうがまえ ゆきがまえ

とめる／はらう／はねる

読み方
ガイ・（カイ）
まち

使い方
街灯《がいとう》・市街《しがい》・商店街《しょうてんがい》
街角《まちかど》・街《まち》が栄える

12画

同じ読み方の漢字。

街《まち》…商店などが多く立ちならぶ、にぎやかな場所。
例 街角

町《まち》…人の住む家が多く集まっている場所。
例 町なみ・町家

徒

61ページ

徒 ぎょうにんべん

下を長く／はらう

読み方
ト
―

使い方
徒歩《とほ》・生徒《せいと》・徒競走《ときょうそう》

10画

漢字の意味。

「徒」には、いろいろな意味があるよ。

①歩いていく。 例 徒歩
②教えを受ける者。 例 信徒・生徒
③なかま。 例 徒党《とう》
④何もない。むだ。 例 徒労《ろう》

ものしりメモ

「無」は、「〜ない」という、打ち消しの意味を表す漢字だよ。打ち消しの意味を表す漢字には、ほかに「未」「不」「非《ひ》」「否《ひ》」などがあるよ。

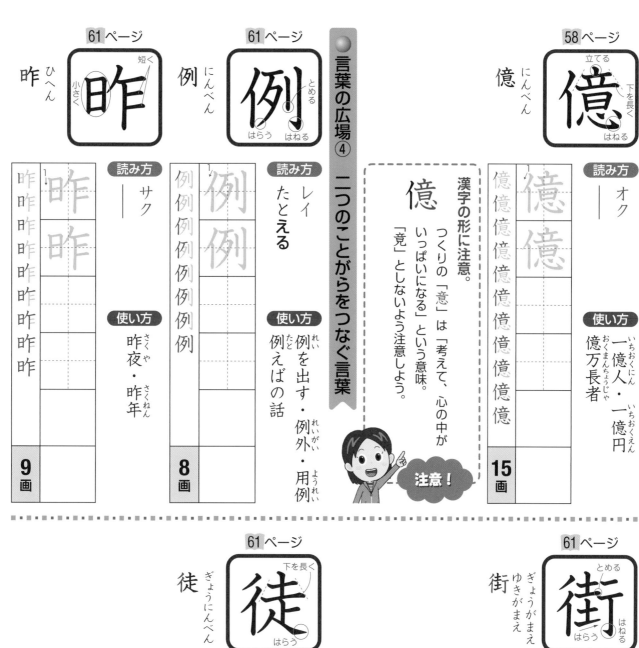

練習のワーク

ウミガメの命をつなぐ
言葉の広場④　二つのことがらをつなぐ言葉

教科書　下48〜61ページ
答え　6ページ

勉強した日　　月　　日

1 新しい漢字を読みましょう。

①（48ページ）そうしょく品の材料。（　　）

② とうてい無理だ。（　　）

③ 体調を管理する。（　　）

④ 研究が成功する。（　　）

⑤ 漁港に運ばれる。（　　）

⑥ 一億人分の記録。（　　）

⑦（60ページ）例のように書く。（　　）

⑧ 昨夜は早くねた。（　　）

⑨ 街灯がつかない。（　　）

⑩ 徒歩で行く。（　　）

✿⑪ 無事に帰る。（　　）　ここからはってん

✿⑫ 無い物ねだり。（　　）

✿⑬ ゴムの管に水を通す。（　　）

✿⑭ 今日は大漁だ。（　　）

✿⑮ 例えばの話をする。（　　）

✿⑯ 街角の風景。（　　）

2 新しい漢字を書きましょう。

✿の漢字は新出漢字の別の読み方です。

① 48ページ □□《ざいりょう》をさがす。

② □□《むり》な話。

③ スケジュールの□□《かんり》。

④ □□《せいこう》をよろこぶ。

⑤ □□《ぎょこう》で働く。

⑥ □□□《いちおくにん》以上いる。

⑦ 60ページ 悪い□《れい》を見せる。

⑧ □□《さくや》のあらし。

⑨ 路地の□□《がいとう》が明るい。

⑩ □□《とほ》で店に向かう。

ここからはってん

✿⑪ □□《ぶじ》をいのる。

✿⑫ 細い□《くだ》を用いる。

✿⑬ サンマが□□《たいりょう》の年。

✿⑭ 東京の□□《まちかど》。

3 漢字で書きましょう。（〰は、送りがなも書きましょう。太字は、この回で習った漢字を使った言葉です。）

① **ざいりょう**あつめをいそぐ。

② **むり**をしないように**かんり**する。

③ **せいこう**した**れい**をおしえる。

④ **さくや**はすぐかえるよていだった。

⑤ **がいとう**のかずがおおいみち。

⑥ どうぶつえんに**とほ**でいく。

きほんのワーク

クラスの「不思議ずかん」を作ろう　言葉の文化③　故事《こ》成語

教科書　㊦62〜73ページ

勉強した日　月　日

◆「読み方」の赤い字は教科書で使われている読みです。

クラスの「不思議ずかん」を作ろう

65ページ

特　うしへん　特

（下を長く・とめる・はねる）

読み方　トク　―

使い方　特《とく》に暑い・特長《とくちょう》・特別《とくべつ》

10画

「牜」のつく漢字。
「牜」は、うしや、うしを使った作業などに関係のある漢字につくよ。
「牜」のつく漢字…物　牧　など。

言葉の文化③　故事成語

70ページ

利　りっとう　利

（とめる・はねる）

読み方　リ　（きく）

使い方　漁夫《ぎょふ》の利《り》・利用《りよう》・勝利《しょうり》

7画

70ページ

労　ちから　労

（はねる）

読み方　ロウ　―

使い方　苦労《くろう》・労働《ろうどう》・徒労《とろう》

7画

73ページ

器　くち　器

（つき出す・長くはらう）

読み方　キ　（うつわ）

使い方　大器晩成《たいきばんせい》・器具《きぐ》・楽器《がっき》

15画

同じ読み方の言葉。
器官《きかん》…生き物の体の中で、決まったはたらきをもつところ。例 消化器官
機関《きかん》…ある仕事を進めるために作った仕組み。例 医りょう機関

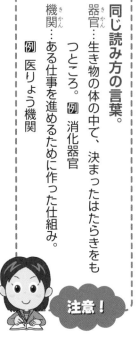

練習のワーク

クラスの「不思議ずかん」を作ろう
言葉の文化③ 故事《こ》成語

教科書 下62〜73ページ
答え 6ページ

勉強した日 月 日

1 新しい漢字を読みましょう。

① 62ページ 特（　　）に見てほしい部分。

② 68ページ 漁《ぎょ》夫《ふ》の利（　　）。

③ 苦労（　　）せずにとくをする。

④ 弟は大器晩《ばん》成（　　）だ。

2 新しい漢字を書きましょう。

① 62ページ □《とく》に気にしない。

② 68ページ 漁夫の□《り》をえる。

③ □□《くろう》して工作をする。

④ □□《たいき》晩《ばん》□《せい》。

3 漢字で書きましょう。（〜〜は、送りがなも書きましょう。太字は、この回で習った漢字を使った言葉です。）

① とくににがてなきょうか。

□

② くろうしてけんきゅうをつづける。

□

③ たいきばんせいのじんぶつにあう。

□

冬休みまとめのテスト❶

教科書 ㊤98～㊦73ページ
答え 6ページ

時間 20分

とく点　　/100点
勉強した日　　月　　日

1 ――線の漢字の読み方をかきましょう。 一つ2（28点）

① 季節（　）の食べ物を使った給食（　）。
② 効《こう》果的（　）なやり方を挙（　）げる。
③ 今年完成（　）したビルで働（　）く。
④ 戦争（　）でけがをした人に包帯（　）をまく。
⑤ 兵隊（　）が大きな旗（　）をふる。
⑥ 博物館（　）にある不思議（　）な石。
⑦ 巣（　）にいる鳥が木の葉を散（　）らす。

2 □は漢字を、〔　〕は漢字と送りがなをかきましょう。 一つ2（28点）

① 池の〔　　〕《まわり》。
② □□《えいよう》士《し》。
③ 木が〔　　〕《おいる》。
④ □□《きぼう》を聞く。
⑤ □□□《ひこうき》。
⑥ 魚を〔　　〕《やく》。
⑦ ご□《はん》の時間。
⑧ □□《ぐんか》を聞く。
⑨ □□《ぼくじょう》の羊。
⑩ 一つ□□《いがい》すてる。
⑪ □□《ひつよう》なもの。
⑫ □□《まんげつ》の夜。
⑬ 村の〔　　〕《あたり》。
⑭ □《まつ》たけ。

3 ——線の言葉を、漢字と送りがなでかきましょう。 一つ2（12点）

① 1 ゆめからさめる。 □
　 2 おふろのお湯がさめる。 □

② 1 お皿がかける。 □
　 2 筆で字がかける。 □

③ 1 小鳥がなく。 □
　 2 妹が大声でなく。 □

4 次の送りがなのうち、正しいものに○をつけましょう。 一つ2（4点）

① ア（　）戦う　イ（　）戦かう　ウ（　）戦たかう

② ア（　）争う　イ（　）争そう　ウ（　）争らそう

5 漢字二字の言葉が三つずつできるように、■に共通してあてはまる漢字を□にかきましょう。 一つ3（12点）

① 暗■・合■・■和 □

② ■定・■形・■体 □

③ 食■・■具・楽■ □

④ ■年・■外・■題 □

6 次の漢字の赤字の部分は、何画めにかきますか。（　）に数字でかきましょう。また、総《そう》画数を□に数字でかきましょう。 一つ2（12点）

① 旗（　）画め □

② 無（　）画め □

③ 極（　）画め □

7 次の漢字は、それぞれ一画足りません。□に正しくかき直しましょう。 一つ2（4点）

① 輪 → □

② 願 → □

冬休み まとめのテスト❷

教科書 上98～下73ページ
答え 6ページ
時間20分

とく点 /100点
勉強した日 月 日

1 ――線の漢字の読み方を書きましょう。 一つ2（28てん）

① メニューから料理（　　）を選（　　）ぶ。
② 南極（　　）のたんけんに犬を連（　　）れていく。
③ 友人と仲（　　）よくすごせるよう願（　　）う。
④ 司会（　　）が市民（　　）の声をしょうかいする。
⑤ 川原（　　）から灯台（　　）までの道順を調べる。
⑥ 全て徒歩（　　）で行くのは無理（　　）だ。
⑦ 材料（　　）を倉《そう》庫で管理（　　）する。

2 □に漢字を書きましょう。 一つ2（28てん）

① □□《きろく》をとる。
② □□《じょうりく》する。
③ □□□《きょうつうてん》。
④ 野球の□□《しあい》。
⑤ □□《きょうりょく》する。
⑥ □□□《ふくいんちょう》。
⑦ □《おっと》の写真。
⑧ □□□《せんえんさつ》。
⑨ 実験の□□《せいこう》。
⑩ □□《ぎょこう》のある町。
⑪ □□□《いちおくにん》。
⑫ □□《さくや》のこと。
⑬ □《とく》にない。
⑭ ぎょふの□《り》。

3 ――線の言葉を、漢字と送りがなで書きましょう。 一つ2（10てん）

① ゼリーを冷やしてかためる。

② 走る練習をつづける。

③ おさない子をやしなう。

④ じゅ文をとなえる。

⑤ うすい紙で箱をつつむ。

4 ――線の漢字の意味をそれぞれ□から選び、（　）に記号で答えましょう。 一つ2（10てん）

① 果
1 果実（　）
2 結果（　）

ア なしとげたもの。
イ くだもの。

② 器
1 器用（　）
2 食器（　）
3 器械（　）

ア 道具。
イ 入れ物。
ウ すぐれたのうりょく。

5 次の漢字の二通りの読み方を書きましょう。 一つ1（4てん）

① 街
1 街角をひとが行きかう。（　）
2 街灯が立ちならぶ。（　）

② 輪
1 木の年輪を調べる。（　）
2 クラス全員で輪になる。（　）

6 次の――線の部分には同じ漢字が入ります。あてはまる漢字を□に書きましょう。 一つ3（12てん）

① 辺り一タイがねつをオびる。

② 決められた労ドウ時間よりながくハタラく。

③ ユウ者がイサましく行進する。

④ ヒ行機がトぶところを見る。

7 次の漢字の部首名を、（　）にひらがなで書きましょう。 一つ2（8てん）

① 隊（　）

② 覚（　）

③ 側（　）

④ 連（　）

きほんのワーク

漢字の広場⑤ 熟語《じゅく》のでき方

三年生で学んだ漢字⑤

教科書 下78〜80ページ

勉強した日　月　日

◆「読み方」の赤い字は教科書で使われている読みです。●はまちがえやすい漢字です。

漢字の広場⑤ 熟語のでき方

78ページ

祝　しめすへん

（あける　はねる　とめる）

読み方
シュク・（シュウ）
いわう

使い方
祝日《しゅくじつ》・祝福《しゅくふく》
お祝《いわ》い・みんなで祝《いわ》う

9画

漢字のでき方。

祝
兄…「ひざまずく人」を表す。
ネ…「神」を表す。
ひざまずいて神にいのる人のすがたから、「いわう」「いのる」という意味を表すよ。

78ページ

清　さんずい

（一番長く　はねる　とめる）

読み方
セイ・（ショウ）
きよい
きよまる・きよめる

使い方
清書《せいしょ》・清新《せいしん》・清流《せいりゅう》
清《きよ》い水・体を清《きよ》める

11画

同じ部分をもつ漢字。

「清」のように「青」を部分にもつ漢字は、「すみきった」という意味と「セイ」という音読みをもっているよ。

清　例　清書　　晴　例　晴天　など。

79ページ

低　にんべん

（長く　わすれない　はねる）

読み方
テイ
ひくい
ひくめる・ひくまる

使い方
高低《こうてい》・低下《ていか》・低学年《ていがくねん》
温度が低《ひく》い・声を低《ひく》める

7画

反対の意味の漢字。

低↔高

二つ合わせて「高低」という熟語にもなるよ。

練習のワーク

漢字の広場⑤ 熟語《じゅく》のでき方
三年生で学んだ漢字⑤

教科書 下78~80ページ　答え 7ページ

勉強した日　月　日

1 新しい漢字を読みましょう。

① 78ページ お祝（　）いの日に集まる。

② 清（　）らかな川の流れ。

③ 土地の高低（　）。

✿④ ここからはってん 五月の祝日（　）。

✿⑤ 清書（　）して先生に見せる。

✿⑥ 低（　）いたなを作る。

2 新しい漢字をかきましょう。〔　〕は、送りがなもかきましょう。

① 78ページ 入学を〔　　〕《いわう》。

② 〔　　〕《きよい》心。

③ ねだんに□□《こうてい》がある。

✿④ ここからはってん □□《しゅくじつ》は家にいる。

✿⑤ 作文を□□《せいしょ》する。

✿⑥ □《ひく》い声で話す。

3 漢字でかきましょう。（〜〜は、送りがなもかきましょう。太字は、この回で習った漢字を使った言葉です。）

① おいわいにうえきをかう。

② きよらかなかわですいえいをする。

③ こうていのあるとちをたいらにする。

✿の漢字は新出漢字の別の読み方です。

4 三年生で学んだ漢字

三年生で習った漢字をかきましょう。〔　〕は、おくりがなもかきましょう。

① □□《にもつ》の□□《はいそう》。

② □□《しごと》を終わらせる。

③ かばんを〔　〕《もつ》。

④ □□《ぶひん》を集める。

⑤ □□□《くやくしょ》のまど口。

⑥ □□□□《けいじどうしゃ》。

⑦ □□《ぎんこう》の□□《きんこ》。

⑧ □□《しんごう》のある横断《だん》歩道。

⑨ □□《そくど》を守る。

⑩ □□□□□《けんりつとしょかん》。

⑪ ゆうびん□《きょく》。

⑫ □《あぶら》をさす。

⑬ □□《だいず》をにる。

⑭ 駅前に花屋が□□《かいてん》する。

⑮ □□□□《しかいいん》。

⑯ 三□□《ちょうめ》の家。

⑰ □□《ようふく》を着る。

⑱ □□《しょうてん》の□《きゃく》。

⑲ □□《りょくちゃ》を入れる。

⑳ 〔　〕《ゆのみ》をあらう。

㉑ 水を〔　〕《そそぐ》。

㉒ 町で□□《さけてん》をいとなむ。

㉓ バスに□□《じょうしゃ》する。

㉔ トラックが□□《はっしん》する。

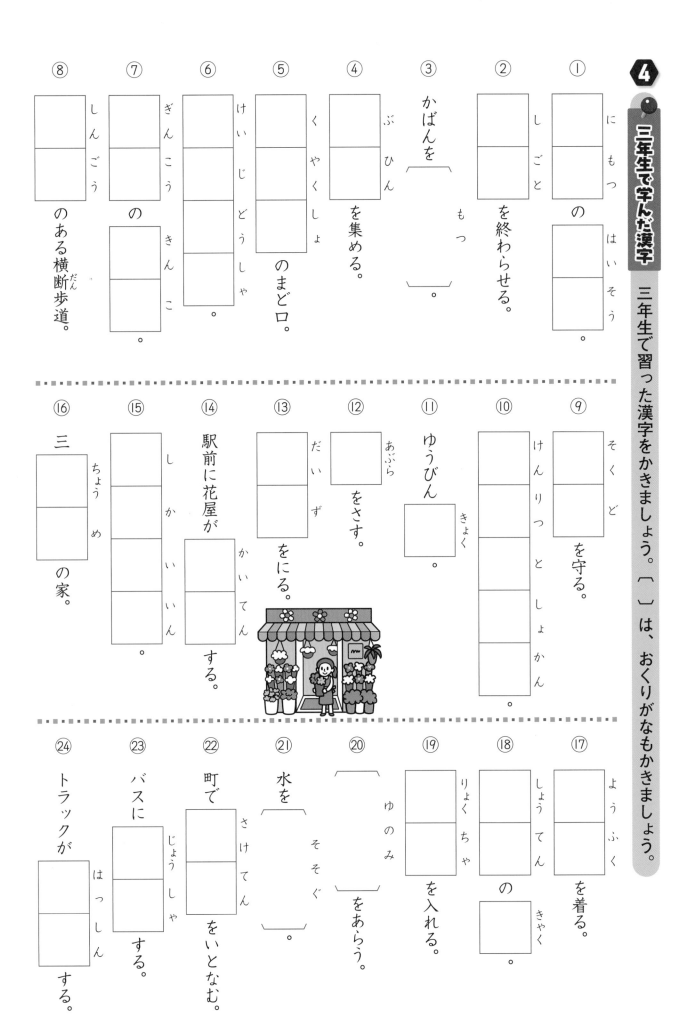

五　自分の経《けい》験と結びつけて考えたことを伝え合おう

きほんのワーク

くらしを便利にするために
言葉の広場⑤　点（、）を打つところ

教科書　下82～103ページ

勉強した日　月　日

◆「読み方」の赤い字は教科書で使われている読みです。（マーク）はまちがえやすい漢字です。

くらしを便利にするために

便　82ページ　9画
便　にんべん
（つき出さない・つき出す・はらう）
- 読み方：ベン・ビン／たより
- 使い方：便利《べんり》・ゆう便《びん》／便《たよ》りをとどける

便便便便便便便便便

付　82ページ　5画
付　にんべん
（わすれない・はねる）
- 読み方：フ／つける・つく
- 使い方：付近《ふきん》・印を付《つ》ける／よごれが付く

付付付付付

注意！
同じ読み方の漢字。
付《つ》く…物と物がくっつく。例 顔にどろが付く。味が付く。
着《つ》く…場所に行きつく。例 学校に着く。駅に着く。

改　83ページ　7画
改　ぼくにょう　ぼくづくり　のぶん
（あける・はらう・とめる）
- 読み方：カイ／あらためる／あらたまる
- 使い方：改良《かいりょう》・きそくを改《あらた》める／たいどが改《あら》まる

改改改改改改改

差　90ページ　10画
差　え　たくみ
（一番長く・つき出さない・×土・下を長く）
- 読み方：サ／さす
- 使い方：大差《たいさ》・時差《じさ》・交差点《こうさてん》／差《さ》し引く・かさを差《さ》す

差差差差差差差差差差

票　90ページ　11画
票　しめす
（長く・とめる・はねる）
- 読み方：ヒョウ／―
- 使い方：投票《とうひょう》・票数《ひょうすう》・一票《いっぴょう》

票票票票票票票票票票票

90ページ

郡　おおざと

郡（つき出す・つき出さない・はねる）

読み方：グン　―

使い方：郡部《ぐんぶ》

10画

言葉の広場⑤　点（、）を打つところ

漢字の意味。

「郡」には、「町や村が集合したもの」という意味があるよ。住所に、「～郡」とついている場所もあるね。

漢字の意味

102ページ

健　にんべん

健（二画・つき出す・長くはらう）

読み方：ケン　（すこやか）

使い方：健康《けんこう》・健全《けんぜん》

11画

102ページ

康　まだれ

康（立てる・はらう・はらう・はねる）

読み方：コウ　―

使い方：健康《けんこう》・小康状態《しょうこうじょうたい》

11画

102ページ

浅　さんずい

浅（わすれない・はねる）

読み方：（セン）　あさい

使い方：浅《あさ》い川・遠浅《とおあさ》

9画

103ページ

氏　うじ

氏（長く・はねる）

読み方：シ　（うじ）

使い方：秋山氏《あきやまし》・氏族《しぞく》・氏名《しめい》

4画

103ページ

候　にんべん

候（つき出さない・わすれない・つき出す・はらう）

読み方：コウ　（そうろう）

使い方：天候《てんこう》・気候《きこう》・時候《じこう》

10画

新しい読み方を覚える漢字

86ページ	
改　カイ	改良《かいりょう》
86	
付　つく	付《つ》く

ものしりメモ　「氏名《しめい》」と同じ読み方の言葉に「使命《しめい》」「指名《しめい》」が、「天候《てんこう》」と同じ読み方の言葉に「転校《てんこう》」があるよ。意味がちがうから、しっかり使い分けよう。

練習のワーク

くらしを便利にするために
言葉の広場⑤　点（、）を打つところ

教科書　㊦82～103ページ
答え　7ページ

勉強した日　月　日

1 新しい漢字を読みましょう。

① 82ページ 便利（　　）なもの。
② チャイムを付（　　）ける。
③ 改（　　）めて考える。
④ 改良（　　）することが必要だ。
⑤ 建《たて》物にエレベーターが付（　　）く。
⑥ 大差（　　）で負ける。
⑦ 投票（　　）に行く。
⑧ 郡部（　　）に住む。
⑨ 102ページ 健康（　　）に気をつける。
⑩ 浅（　　）い川がある。

⑪ 秋山氏（　　）と話す。
⑫ 天候（　　）がよくなる。

ここからはってん

✿⑬ ゆう便（　　）がとどく。
✿⑭ 友人から便（　　）りがとどく。
✿⑮ 家の付近（　　）のそうじ。

2 新しい漢字を書きましょう。〔　〕は、送りがなも書きましょう。

① 82ページ □□《べんり》な乗り物。
② ボタンを〔　　〕《つける》。
③ 話し方を〔　　〕《あらためる》。

✿の漢字は新出漢字の別の読み方です。

④ □□《かいりょう》を重ねる。

⑤ 服にしみが〔　〕《つく》。

⑥ □□《たいさ》をつけて勝つ。

⑦ □□《とうひょう》ができる年れい。

⑧ □□《ぐんぶ》の住所。

⑨ 102ページ □□《けんこう》な体。

⑩ 〔　〕《あさい》プールで遊ぶ。

⑪ 来場した人は山田□《し》だ。

⑫ あれた□□《てんこう》になる。

✿⑬ ここからはってん 先生にゆう□《びん》を出す。

✿⑭ よい□《たよ》りがある。

✿⑮ 公園□□《ふきん》を歩く。

3 漢字で書きましょう。（〰は、送りがなも書きましょう。太字は、この回で習った漢字をつかった言葉です。）

① **べんり**なちょうりきぐをつかう。

② わるい おこないを**あらためる**。

③ りょうしんが**とうひょう**にいく。

④ **けんこう**のためにうんどうする。

⑤ すえのいもうとはねむりが**あさい**。

⑥ **てんこう**によってさんかをきめる。

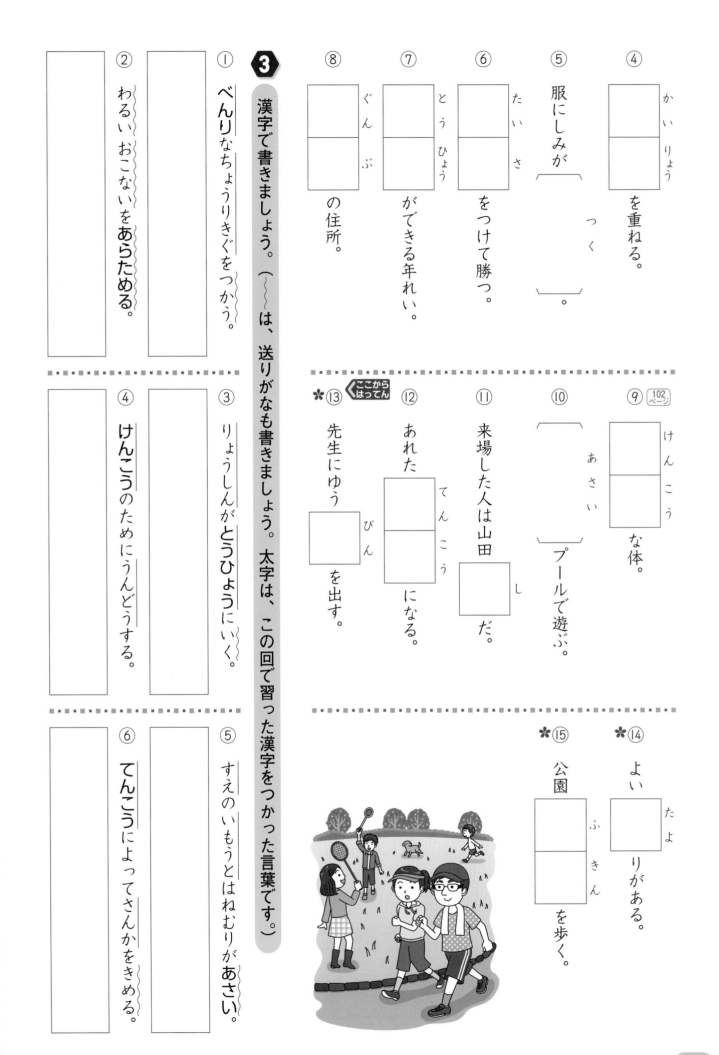

きほんのワーク

自分の成長をふり返って／言葉の文化④ 雪
漢字の広場⑥ 同じ読み方の漢字の使い分け
三年生で学んだ漢字⑥／人形げき 木竜《もくりゅう》うるし

教科書 下 104～141ページ

勉強した日 月 日

◆「読み方」の赤い字は教科書で使われている読みです。●はまちがえやすい漢字です。

自分の成長をふり返って／言葉の文化④ 雪

敗 105ページ
部首：ぼくにょう ぼくづくり のぶん
読み方：ハイ やぶれる
使い方：失敗《しっぱい》・敗者《はいしゃ》・勝敗《しょうはい》 争いに敗《やぶ》れる
11画

好 107ページ
部首：おんなへん
読み方：コウ このむ・すく
使い方：大好物《だいこうぶつ》・好《この》みの色 好《す》きな本
6画

標 107ページ
部首：きへん
読み方：ヒョウ ―
使い方：目標《もくひょう》・標語《ひょうご》・標本《ひょうほん》
15画

積 110ページ
部首：のぎへん
読み方：セキ つむ・つもる
使い方：積雪《せきせつ》・積年《せきねん》・面積《めんせき》 かごを積《つ》む・雪が積《つ》もる
16画

漢字のでき方。
積 責…「集める」を表す。 禾…「いね」を表す。
「いね」を「集め」て、「つみあげる」という意味を表すよ。

でき方

漢字の広場⑥ 同じ読み方の漢字の使い分け

倉 112ページ
部首：ひとやね
読み方：ソウ くら
使い方：倉庫《そうこ》・米倉《こめぐら》・むな倉《ぐら》
10画

112ページ

競 たつ

読み方

キョウ・ケイ
(きそう)(せる)

使い方

競争《きょうそう》・競走《きょうそう》・競馬《けいば》

20画

漢字のでき方。

競　二人の人が言い争う様子からできた漢字だよ。「争う・きそう」という意味を表すよ。

113ページ

熱 れんが れっか

読み方

ネツ
あつい

使い方

熱湯《ねっとう》・熱意《ねつい》・熱心《ねっしん》
熱《あつ》い湯

15画

同じ読み方の漢字。

熱《あつ》い…温度が高い。 例 このスープは熱い。
暑《あつ》い…気温が高い。 例 この部屋の中は暑い。

113ページ

建 えんにょう

読み方

ケン・(コン)
たてる・たつ

使い方

建国《けんこく》・建設《けんせつ》
建物《たてもの》・ビルが建《た》つ

9画

同じ読み方の漢字。

建《た》つ…建物などができる。 例 ビルが建つ。
立《た》つ…体を起こして足でささえる。 例 大地に立つ。

113ページ

卒 じゅう

読み方

ソツ
—

使い方

卒業式《そつぎょうしき》・新卒《しんそつ》・卒業生《そつぎょうせい》

8画

漢字の形に注意。

卒　八画めのたてぼうを、少しだけ上につき出して書くことに気をつけよう。

人形げき　木竜《もくりゅう》うるし

113ページ

求　みず

読み方
キュウ
もと**める**

7画

使い方
追求《ついきゅう》・要求《ようきゅう》
買い求《もと》める

同じ読み方の言葉。
追求《ついきゅう》…のぞむものを手に入れようとする。
追究《ついきゅう》…何かを明らかにしようとする。
意味のちがいをしっかり覚えよう。

120ページ

底　まだれ

読み方
テイ
そこ

8画

使い方
底辺《ていへん》・底流《ていりゅう》・海底《かいてい》
海の底《そこ》・底《そこ》をつく

同じ読み方で形のにている漢字。
底（テイ）　最もひくい部分・そこ。
例 根底・地底
低（テイ）　ひくい・高さがない。
例 低温・低空

140ページ

鏡　かねへん

読み方
キョウ
かがみ

19画

使い方
鏡台《きょうだい》・三面鏡《さんめんきょう》
鏡《かがみ》を見る・手鏡《てかがみ》

漢字の意味。
「鏡」には、「かがみ」という意味のほかに、「レンズ」という意味もあるよ。「望遠鏡」や「けんび鏡」にはレンズがあるから「鏡」がつくんだね。

新しい読み方を覚える漢字

113ページ
熱《あつい》
熱《あつ》い

特別な読み方の言葉

112	122
手伝う	昨日
てつだう	きのう

ものしりメモ
「熱《あつ》い」と「暑《あつ》い」、「建《た》つ」と「立《た》つ」のように、読み方は同じでも漢字がことなる言葉は、たくさんあるよ。文の中での意味を考えて、正しい漢字を使えるようになろう。

練習のワーク

自分の成長をふり返って／言葉の文化④　雪
漢字の広場⑥　同じ読み方の漢字の使い分け
三年生で学んだ漢字⑥／人形げき　木竜《もくりゅう》うるし

教科書　㊦104～141ページ
答え　7ページ

勉強した日　　月　　日

1 新しい漢字を読みましょう。

① 104ページ　後転に失敗（　　）する。

② 運動が好（　　）きになる。

③ 目標（　　）を達成する。

④ 110ページ　雪が積（　　）もる。

⑤ 112ページ　当番の人を手伝（　　う）う。

⑥ 倉庫（　　）に入れる。

⑦ 作品のできを競争（　　）する。

⑧ 熱湯（　　）を注ぐ。

⑨ 熱（　　）いお茶を入れる。

⑩ ビルが建（　　）つ。

⑪ 卒業式（　　）で声を合わせる。

⑫ みんなの幸せを追求（　　）する。

⑬ 116ページ　ふちの底（　　）。

⑭ 昨日（　　）のこと。

⑮ 鏡（　　）の前に立つ。

ここからはってん

✿⑯ 試合に敗（　　）れる。

✿⑰ 大好物（　　）のカレー。

✿⑱ 好（　　）みの食べ物。

✿⑲ 広い面積（　　）。

✿⑳ 荷物を積（　　）む。

✿㉑ 米倉（　　）を建てる。

✿の漢字は新出漢字の別の読み方です。

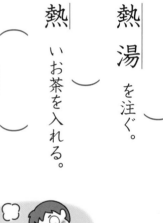

✿㉒ 競馬（　　）を楽しむ。

✿㉓ 建設《せつ》（　　）したばかりの家。

✿㉔ 家具を買い求（　　）める。

✿㉕ 海底（　　）にすむ生き物。

✿㉖ 三面鏡（　　）の前にすわる。

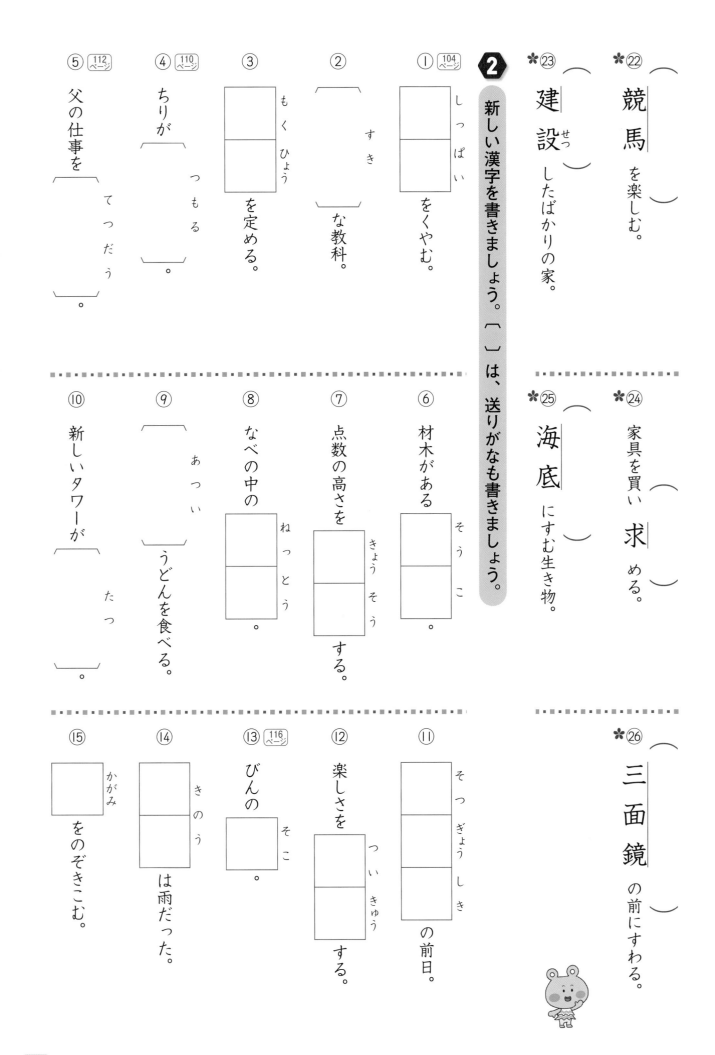

❷ 新しい漢字を書きましょう。︹　︺は、送りがなも書きましょう。

① 104ページ □□《しっぱい》をくやむ。

② ︹　　︺《すき》な教科。

③ □□《もくひょう》を定める。

④ 110ページ ちりが︹　　︺《つもる》。

⑤ 112ページ 父の仕事を︹　　︺《てつだう》。

⑥ 材木がある□□《そうこ》。

⑦ 点数の高さを□□《きょうそう》する。

⑧ なべの中の□□《ねっとう》。

⑨ ︹　　︺《あつい》うどんを食べる。

⑩ 新しいタワーが︹　　︺《たつ》。

⑪ □□□《そつぎょうしき》の前日。

⑫ 楽しさを□□《ついきゅう》する。

⑬ 116ページ びんの□《そこ》。

⑭ □□《きのう》は雨だった。

⑮ □《かがみ》をのぞきこむ。

⑩ふくい　⑪やまなし　⑫ぎふ
⑬しずおか　⑭しが　⑮おおさか
⑯ひょうご　⑰なら　⑱とっとり
⑲とくしま　⑳えひめ　㉑さが
㉒ながさき　㉓くまもと　㉔おおいた
㉕かごしま　㉖おきなわ　㉗む

❷
①都道府県　②宮城　③茨城　④栃木
⑤群馬　⑥埼玉　⑦神奈川　⑧新潟
⑨富山　⑩福井　⑪山梨　⑫岐阜
⑬静岡　⑭滋賀　⑮大阪　⑯兵庫
⑰奈良　⑱鳥取　⑲徳島　⑳愛媛
㉑佐賀　㉒長崎　㉓熊本　㉔大分
㉕鹿児島　㉖沖縄

❸
①都道府県の場所を学ぶ。
②栃木県と群馬県は近い。
③新潟県の港を船が出る。
④岐阜の山に登る。
⑤佐賀県と徳島県は遠い。
⑥鹿児島県の名産品を買う。

❹
①息　②安心　③詩集　④氷　⑤苦味・薬
⑥皿　⑦身体　⑧次・面会　⑨両親
⑩水泳　⑪命・医者　⑫相談　⑬二階
⑭待合室　⑮家族　⑯鼻血　⑰指
⑱具合・悪い　⑲申し　⑳受け　㉑病院
㉒横　㉓運転手　㉔急車

落語　ぞろぞろ

41ページ　練習のワーク

❶
①すえ　②けつまつ　③お　④のこ
⑤しつれい　⑥か
⑥借りる

❷
①末　②結末　③置く　④残る　⑤失礼

❸
①結末を知る物語。
②庭に黒い石を置く。
③野菜が皿に残る。

夏休み　まとめのテスト①・②

42・43ページ　まとめのテスト①

1
①しんごう・か
②うめ・かお
③さいご・じっけん
④しゅるい・かんさつ
⑤ともだち・げい
⑥じてん・おんくん
⑦えんでん・な

2
①菜　②笑い　③順番　④目印　⑤方法
⑥約　⑦念　⑧照明　⑨産業　⑩前兆
⑪家臣　⑫奈落　⑬読本　⑭愛読書

3
①努める　②加える　③静か　④別れる
⑤冷たい

4
①ア　②ア　③イ

5
①亻・にんべん
②艹・くさかんむり
③氵・さんずい
④木・きへん

6
①10(十)　②8(八)　③15(十五)
④16(十六)

7
①貨　②然

てびき

2 ①「菜」の、五～七画めの向きに注意します。五画めと六画めは同じ向きです。

3 ②「加える」を「加わえる」などとしないようにしましょう。

④「はなれて、べつべつになる」という意味のときは「別れる」、「一つのものが二つ以上になる」という意味のときは「分かれる」と書きます。

⑤「冷たい」を「冷めたい」などとしないようにしましょう。

4 ②「物事にきょうみをもつこと」という意味の方をえらびます。「感心」は「えらい、すばらしいなどと心に深く感じること」という意味です。

5 ①「にんべん」は、主に人に関係のある漢字につき、「住」「位」「借」になります。

②「くさかんむり」は、主に植物に関係のある漢字につき、「花」「薬」「英」になります。
③「さんずい」は、主に水に関係のある漢字につき、「浴」「波」「泳」になります。
④「きへん」は、主に木に関係のある漢字につき、「柱」「橋」「械」になります。

6 ①「孫」は、左がわの「子」の部分は三画、右がわの「系」の部分は七画で書きます。

7 ②「然」には、「ゼン」と「ネン」という二つの音読みがあります。「平然」「自然」では「ゼン」と読み、「天然」では「ネン」と読みます。

44・45ページ まとめのテスト②

1
①ゆうがい・せつめい
②いふく・じさん
③じどう・けしき
④ちょうかん・めいれい
⑤かながわ・えひめ
⑥やまなし・しずおか
⑦おおいた・かごしま

2
①機械 ②栃木 ③群馬 ④埼玉 ⑤新潟
⑥福井 ⑦兵庫 ⑧徳島 ⑨佐賀 ⑩長崎
⑪熊本 ⑫置く ⑬残る ⑭失礼

3
①1変 2代 ②1量 2計
③1治 2直

4
①城 ②折 ③富

5
①坂・阪 ②度・席 ③未・末

6
①衣類 ②案外 ③発達

7
ア

てびき

1 ③「景色」は、二つの漢字でひとつづきの読み方をするもので「けしき」と読みます。「けいしょく」と読まないように注意しましょう。

3 ①1「変わる」は物事の様子がちがったようになること、2「代わる」は物や人が別のものに交代することです。
②1「量る」は主に重さを、2「計る」は主に時間や数などをはかります。
③1「治す」は体をけんこうなじょうたいにもどす場合、2「直す」は物などを正しくする・元通りにする場合に使います。

4 □の部分が、それぞれの漢字の部首となります。上から「てへん」、「うかんむり」、「つちへん」です。

5 ③「未」は一画めよりも二画めが長く、「末」は一画めよりも二画めが短くなっています。

7 「単」は、「単」まで書いたらたてぼうを下まで一画で書きます。

写真から読み取る／作ろう学級新聞 漢字の広場③ 送りがなのつけ方 三年生で学んだ漢字③

49～51ページ 練習のワーク

1
①きせつ ②かてき ③きゅうしょく
④えいよう ⑤お ⑥かた ⑦はたら
⑧きぼう ⑨とな ⑩あ ⑪おぼ ⑫さ
⑬ふし ⑭こてい ⑮どう ⑯のぞ
⑰きょしゅ ⑱かんかく

2
①季節 ②果的 ③給食 ④栄養
⑤老いる ⑥固まる ⑦働く ⑧希望
⑨唱える ⑩挙げる ⑪覚える
⑫覚める ⑬節 ⑭固定 ⑮働 ⑯望
⑰挙手 ⑱感覚

3
①季節に合う服を着る。
②温かい給食を食べる。
③氷が固まる様子を見る。

4
①黒板 ②倍 ③始まり ④秒
⑤終わり ⑥昭和 ⑦都市・写真
⑧世界地図 ⑨去年 ⑩予定表 ⑪期間
⑫起立 ⑬宿題 ⑭九州 ⑮意見 ⑯理由
⑰返事 ⑱筆箱 ⑲他教科 ⑳文章・暗唱
㉑勉強 ㉒学級 ㉓漢字練習帳 ㉔問い

一つの花
言葉の広場② 修飾語

55〜57ページ 練習のワーク

❶
①せんそう ②ひこうき ③と ④や
⑤ほうたい ⑥な ⑦いさ ⑧ぐんか
⑨へいたい ⑩いちりん ⑪つつ ⑫はた
⑬きしゅ ⑭ぼくじょう ⑮たたか
⑯あらそ ⑰と ⑱や ⑲お ⑳おび
㉑ゆうき ㉒わな

❷
①戦争 ②飛行機 ③飛ぶ ④焼く
⑤包帯 ⑥泣く ⑦勇ましい ⑧軍歌
⑨兵隊 ⑩一輪 ⑪包む ⑫旗 ⑬旗手
⑭牧場 ⑮戦 ⑯争 ⑰焼 ⑱帯 ⑲帯
⑳勇気 ㉑輪投

❸
①戦争の物語を読む。
②大阪府行きの飛行機に乗る。
③船の上を海鳥が飛ぶ。
④あみの上で野菜と肉を焼く。
⑤薬局で包帯を買う。
⑥水族館で小さな子が泣く。
⑦勇ましい軍歌を作曲する。
⑧電池で動くおもちゃの兵隊。
⑨一輪の花を育てる。
⑩学校で旗を作る。
⑪運動会で旗手をする。
⑫湖のそばの牧場。

作ろう！「ショートショート」
言葉の文化② 「月」のつく言葉

59ページ 練習のワーク

❶
①ふしぎ ②はくぶつかん ③か
④ぶきみ ⑤しゅっけつ ⑥か

❷
①不思議 ②博物館 ③欠ける ④不気味
⑤出欠 ⑥欠

❸
①不思議な絵を教室にかざる。
②親子で博物館に入る。
③月が満ち欠けをくり返す。

●教科書 ひろがる言葉 小学国語四下

ごんぎつね
漢字の広場③ 「読書発表会」をしよう

62・63ページ 練習のワーク

❶
①ち ②つづ ③まつ ④がわ ⑤す
⑥かんれん ⑦きろく ⑧りょうり
⑨じょうりく ⑩つ ⑪なんきょく
⑫さんぽ ⑬ち ⑭ぞくしゅつ ⑮つづ
⑯しょうちくばい ⑰そくめん ⑱つら

❷
①散らす ②続く ③松 ④側 ⑤巣
⑥関連 ⑦記録 ⑧料理 ⑨上陸
⑩連れる ⑪南極 ⑫散歩 ⑬続出
⑭続 ⑮松竹梅 ⑯側面

❸
①良い天気の日が続く。
②野球に関連する記録。
③日本料理の店に向かう。

みんなが楽しめる新スポーツ
漢字の広場④ いろいろな意味を表す漢字
三年生で学んだ漢字④

67〜69ページ 練習のワーク

❶
①なか ②しかい ③ねが
④きょうつうてん ⑤しあい
⑥きょうりょく ⑦せんしゅ ⑧とうだい
⑨えら ⑩かわら ⑪しみん
⑫ふくいんちょう ⑬おっと
⑭せんえんさつ ⑮なふだ ⑯がんしょ
⑰ともばたら ⑱こころ ⑲のうふ

❷
①仲 ②司会 ③願う ④共通点 ⑤試合
⑥協力 ⑦選手 ⑧灯台 ⑨選ぶ ⑩川原
⑪市民 ⑫副院長 ⑬夫 ⑭千円札
⑮名札 ⑯願書 ⑰共働 ⑱試

❸
①試合に勝つことを願う。
②選手に名札を配る。
③これから住む場所を選ぶ。

❹
①必死 ②追う ③運動着 ④係活動
⑤屋根 ⑥体育館 ⑦校庭 ⑧遊具
⑨整列 ⑩対決 ⑪全力投球 ⑫中央
⑬代打 ⑭勝負 ⑮守る ⑯美化委員
⑰取り ⑱第二回 ⑲植木 ⑳拾う

ウミガメの命をつなぐ
言葉の広場④ 二つのことがらをつなぐ言葉

72・73ページ 練習のワーク

1 ①ざいりょう ②むり ③かんり
④せいこう ⑤ぎょこう ⑥いちおくにん
⑦れい ⑧さくや ⑨がいとう ⑩とほ
⑪ぶじ ⑫な ⑬くだ ⑭たいりょう
⑮たと ⑯まちかど

2 ①材料 ②無理 ③管理 ④成功 ⑤漁港
⑥一億人 ⑦例 ⑧昨夜 ⑨街灯 ⑩徒歩
⑪無事 ⑫管 ⑬大漁 ⑭街角

3 ①材料集めを急ぐ。
②無理をしないよう管理する。
③成功した例を教える。
④昨夜はすぐ帰る予定だった。
⑤街灯の数が多い道。
⑥動物園に徒歩で行く。

クラスの「不思議ずかん」を作ろう
言葉の文化③ 故事成語

75ページ 練習のワーク

1 ①とく ②り ③くろう ④たいき・せい

2 ①特 ②利 ③苦労 ④大器・成

3 ①特に苦手な教科。
②苦労して研究を続ける。
③大器ばん成の人物に会う。

冬休み まとめのテスト①・②

76・77ページ まとめのテスト❶

1 ①きせつ・きゅうしょく
②かてき・あ
③かんせい・はたら
④せんそう・ほうたい
⑤へいたい・はた
⑥はくぶつかん・ふしぎ
⑦す・ち

2 ①周り ②栄養 ③老いる ④希望
⑤飛行機 ⑥焼く ⑦飯 ⑧軍歌 ⑨牧場
⑩以外 ⑪必要 ⑫満月 ⑬辺り ⑭松

3 ⑴ 1覚める 2冷める
⑵ 1欠ける 2書ける
⑶ 1鳴く 2泣く

4 ①ア ②ア

5 ①唱 ②固 ③器 ④例

6 ①7(七)・14(十四)
②3(三)・12(十二)
③10(十)・12(十二)

7 ①輪 ②願

78・79ページ まとめのテスト❷

1 ①りょうり・えら
②なんきょく・つ
③なか・ねが
④しかい・しみん
⑤かわら・とうだい
⑥とほ・むり
⑦ざいりょう・かんり

2 ①記録 ②上陸 ③共通点 ④試合
⑤協力 ⑥副院長 ⑦夫 ⑧千円札

てびき

1 ②「〜的」は、ほかの言葉のあとにつけて、「〜のような・〜の様子」という意味を表す言い方です。

2 ④「希」を書くときには、上から下にはらう三画めの筆順に気をつけましょう。

3 ⑶1「鳴く」は虫や鳥、けものなどが声を出すとき、2「泣く」は人が悲しかったりうれしかったりしてなみだを流すときに使います。

5 それぞれ一つの■に漢字をあてはめてみて、ほかの■にもあてはまるかを考えるとよいでしょう。

6 ③「極」の六画め「極」は一画で書きます。

⑨成功　⑩漁港　⑪一億人　⑫昨夜
⑬特　⑭利

3 ①固める　②続ける　③養う　④唱える
⑤包む

4 ①1イ　2ア　②1ウ　2イ　3ア

5 ①1まち　2がい　②1りん　2わ

6 ①帯　②働　③勇　④飛

7 ①こざとへん　②みる　③にんべん
④しんにょう(しんにゅう)

てびき

1 ⑥「無」には、「ム」のほかに「無事」のような「ブ」という音読みもあります。

2 ①「録」を「緑」と書かないようにしましょう。
⑤「協力」を「強力」と書かないようにしましょう。

3 ①には「固まる」「固い」、②には「続く」という訓読みの言葉もあります。ほかの言葉も手がかりにして、送りがなをどこからつけるかを考えましょう。

4 ②3「器械」とは、「機械」よりかんたんな仕かけの道具のことです。

6 ①「帯」には、「タイ」「お(びる)」のほかに「おび」という訓読みもあります。

7 ②「覚」の部首は「見」(みる)です。「⺍」(つかんむり)ではありません。

漢字の広場⑤ 熟語のでき方 / 三年生で学んだ漢字⑤

81・82ページ 練習のワーク

1 ①いわ　②きよ　③こうてい
④しゅくじつ　⑤せいしょ　⑥ひく

2 ①祝う　②清い　③高低　④祝日　⑤清書
⑥低

3 ①お祝いに植木を買う。
②清らかな川で水泳をする。
③高低のある土地を平らにする。

4 ①荷物・配送　②仕事　③持つ　④部品
⑤区役所　⑥軽自動車　⑦銀行・金庫
⑧信号　⑨速度　⑩県立図書館　⑪局
⑫油　⑬大豆　⑭開店　⑮歯科医院
⑯丁目　⑰洋服　⑱商店・客　⑲緑茶
⑳湯飲み　㉑注ぐ　㉒酒店　㉓乗車
㉔発進

くらしを便利にするために / 言葉の広場⑤ 点(、)を打つところ

85・86ページ 練習のワーク

1 ①べんり　②つ　③あらた　④かいりょう
⑤つ　⑥たいさ　⑦とうひょう　⑧ぐんぶ
⑨けんこう　⑩あさ　⑪し　⑫てんこう
⑬びん　⑭たよ　⑮ふきん

2 ①便利　②付ける　③改める　④改良
⑤付く　⑥大差　⑦投票　⑧郡部　⑨健康
⑩浅い　⑪氏　⑫天候　⑬便　⑭便
⑮付近

3 ①便利な調理器具を使う。
②悪い行いを改める。
③両親が投票に行く。
④健康のために運動する。
⑤末の妹はねむりが浅い。
⑥天候によって参加を決める。

自分の成長をふり返って / 言葉の文化④ 雪 / 漢字の広場⑥ 同じ読み方の漢字の使い分け ほか

90〜93ページ 練習のワーク

1 ①しっぱい　②す　③もくひょう　④つ
⑤てつだ　⑥そうこ　⑦きょうそう
⑧ねっとう　⑨あつ　⑩た
⑪そつぎょうしき　⑫ついきゅう　⑬そこ
⑭きのう(さくじつ)　⑮かがみ　⑯やぶ
⑰だいこうぶつ　⑱この　⑲めんせき
⑳つ　㉑こめぐら　㉒けいば　㉓けん
㉔もと　㉕かいてい　㉖さんめんきょう

2 ①失敗　②好き　③目標　④積もる
⑤手伝う　⑥倉庫　⑦競争　⑧熱湯
⑨熱い　⑩建つ　⑪卒業式　⑫追求　⑬底

⑭昨日 ⑮鏡 ⑯敗 ⑰大好物 ⑱好
⑲面積 ⑳積 ㉑米倉 ㉒競馬 ㉓建
㉔求 ㉕海底 ㉖三面鏡

3
①失敗を反省してやり直す。
②来年の目標を考える。
③箱の底にほこりが積もる。
④倉庫の中はいつも暗い。
⑤夕飯に熱いスープを飲む。
⑥もうすぐ近所に役所が建つ。

4
①君主 ②使者 ③童話 ④幸福 ⑤寒い
⑥反対 ⑦様 ⑧悲鳴 ⑨宮 ⑩有名
⑪暑い ⑫昔話 ⑬礼 ⑭等分 ⑮温度計
⑯感想 ⑰水平 ⑱重り ⑲助手 ⑳研究
㉑短い ㉒調合 ㉓式 ㉔落下

4年 仕上げのテスト

94～96ページ 仕上げのテスト

1
①おきなわ・きせい ②れい・おぼ
③べんり・つ ④とうひょう・たいさ
⑤きのう(さくじつ)・てんこう
⑥す・もくひょう
⑦かがみ・てつだ

2
①直径 ②風景 ③苦労 ④祝い
⑤清らか ⑥郡部 ⑦健康 ⑧浅い
⑨倉庫 ⑩競争 ⑪熱湯 ⑫卒業式

⑬追求 ⑭都道府県

3
①焼ける ②試みる ③折れる ④改める

4
①産・せいさん ②使・しよう
③完・かんぜん ④敗・しっぱい

5
①1せき 2つ ②1ふだ 2さつ

6
①4(四)・9(九) ②6(六)・8(八)

7
①1氏名 2指名 ②1協力 2強力

8
①熱い ②低い ③借りる ④良い
⑤浅い

9
(それぞれ順じょなし)①変化・周辺
②大差・国旗 ③始末・出欠

10
①建・健 ②巣・単 ③客・各

11
①⺮・たけかんむり
②刂・りっとう
③訁・ごんべん
④ネ・しめすへん

てびき

1 ③「便」には、「ベン」のほかに、「ゆう便」のように「ビン」という音読みもあります。
⑤「昨日」には「きのう」のほかに「さくじつ」という読み方もあります。

3 ②「試みる」を「試ろみる」「試る」などとしないようにしましょう。

4 ②「使」と「用」はどちらも「つかう・役立てる」という意味があります。

6 ①「飛」の一画め「㇈」は、一画で書きます。

9 ①はにた意味の漢字を組み合わせた熟《じゅく》語、②は上の漢字が下の漢字を修飾《しゅうしょく》する熟語、③は反対の意味の漢字を組み合わせた熟語です。

10 ①「建」と「健」は「ケン」という同じ音読みをもつ漢字です。

11 ①は「笑・節・笛」、②は「別・刷・副」、③は「説・課・議」、④は「祝・社・神」という漢字になります。

3 2 1 0 9 8 7 6 5 4
＊ ＊ D C B A